Starker Auftritt

Das erste Jahrzehnt des
Internationalen Opernstudios

Inhalt

3 **Zehn Jahre Opernstudio sind erst der Anfang**
Von Louwrens Langevoort

4 **Wegbegleiter für den »letzten Bühnenschliff«**
Gespräch zwischen Opernintendant Louwrens Langevoort und Dr. Klaus Wehmeier (Körber-Stiftung)

6 **Grußworte** von Dr. h. c. Hans-Heinrich Bruns (Stiftung zur Förderung der Hamburgischen Staatsoper), Gerhard Puttfarcken (Airbus Deutschland GmbH) und Jochen Kauffmann

9 **Nur der Darsteller ist der wahre Künstler**
Von Jürgen Kesting

13 **Es war kein leichter Beginn**
Von Kammersänger Hermann Winkler

14 **Ein idealer Start**
Von Prof. Dr. Peter Ruzicka

16 **Aus der Gemeinschaft heraus haben wir viel geschafft**
Ein Gespräch mit Gritt Gnauck, Katja Pieweck, Moritz Gogg, Christoph Pohl und Kay Stiefermann

23 **Der richtige Weg zum Gesang**
Von Kammersängerin Anna Tomowa-Sintow

24 **Königin mit stiller Kraft**
Danielle Halbwachs im Gespräch

28 **Richtig arbeiten lernen**
Von Kammersänger Kurt Moll

29 **Wie bringe ich das rüber?**
Von Siegfried Schwab

30 **Ich mag die romantischen Heldinnen**
Inga Kalna im Gespräch

35 **Dreist, charmant und absolut überzeugend**
Birgit Müller über Jan Buchwald

36 **Ausbildung selbst in die Hand nehmen**
Von Dr. Wulf Konold

38 **»Ritorna vincitor ...«**
Martin Homrich im Gespräch

42 **Ich führe ein ganz normales Leben**
Ein Tag im Leben der Stipendiatin Ingrid Frøseth
Von Marcus Stäbler

46 **Manche Sachen kann man nicht lernen**
Aleksandra Kurzak im Gespräch

50 **Aufreibendes Vergnügen**
Von Elisabeth Stöppler

54 **»Ein bemerkenswert schöner Mezzo«**
Maite Beaumont im Spiegel der Kritik

58 **Sängerinnen und Sänger** des Internationalen Opernstudios

68 **Produktionen** des Internationalen Opernstudios
Besetzungen und Kritiken

81 **Trackliste** der CD

Zehn Jahre Opernstudio sind erst der Anfang

Louwrens Langevoort
Opernintendant der Hamburgischen Staatsoper

Als vor zehn Jahren das Internationale Opernstudio der Hamburgischen Staatsoper gegründet wurde, konnte niemand vorhersagen, dass dieses Institut im täglichen Leben unserer Oper einen so prominenten Platz einnehmen würde. Ein flüchtiger Blick auf die Besetzungszettel der Premieren und Repertoirevorstellungen bestätigt uns sofort, dass der Kern des Sängerensembles seinen Ursprung im Opernstudio hat.

So wie jedes Traditionsorchester die nächste Generation der Musiker schon zeitig in den eigenen Verbund integriert, zielt auch die Etablierung des Internationalen Opernstudios auf den lückenlosen Übergang zwischen Studium und Praxis. Die Ausbildung der Sänger beginnt zwar in der Hochschule, dort bleibt es aber vornehmlich bei einem technischen Training des »Instrumentes«; erst die Praxis im Operntheater führt zum Beruf.

Seit zehn Jahren haben wir das Vergnügen, Talente zu entdecken, aufzubauen und ihnen den Weg zu bereiten. Bewerbungen gibt es viele und jedes Mal mehr. Offensichtlich spricht sich herum, welche einzigartigen Möglichkeiten das Internationale Opernstudio und die Hamburgische Staatsoper den jungen Sängerinnen und Sängern bieten können.

Schon das Vorsingen bedeutet für die meisten Bewerber, den ersten Karriereschritt zu unternehmen. Viele gehen frohen Mutes den Weg zur Probebühne Schlicksweg, ein Teil von ihnen begibt sich anschließend zum zweiten Durchlauf auf die Bühne des Opernhauses, wo immer wieder die gleichen Arien von einer geduldigen Prüfungskommission gehört werden. Nur sieben Auserwählte pro Durchgang können schließlich auf der gleichen Bühne ihre Karriere beginnen, und man kann sicher sein, dass das Hamburger Publikum seine zukünftigen Stars bald ins Herz schließt.

Dass das Internationale Opernstudio existiert, verdankt die Hamburgische Staatsoper der Körber-Stiftung, der Stiftung zur Förderung der Hamburgischen Staatsoper, der Airbus Deutschland GmbH und Herrn Jochen Kauffmann. Es ist fabelhaft, dass in Zeiten von knapperen öffentlichen Geldern diese Institution so generös unterstützt wird.

Die zehnjährige Unterstützung des Internationalen Opernstudios ist auch ein Bekenntnis zum Opernhaus. Umgekehrt fühlen sich auch alle Mitglieder der Staatsoper auf ihre Weise für »ihr« Opernstudio verantwortlich, allen voran die Chefdisponentin Dörte Rüter und ihre Assistentin Bettina Kok, ohne deren Engagement das Opernstudio nicht die Reputation hätte, über die wir uns heute freuen.

Zehn Jahre Opernstudio und Talenteschmiede sind erst der Anfang.

Wegbegleiter für den »letzten Bühnenschliff«

Opernintendant Louwrens Langevoort im Gespräch mit Dr. Klaus Wehmeier, dem stellvertretenden Vorstandsvorsitzenden der Körber-Stiftung

Langevoort: Seit zehn Jahren existiert das Internationale Opernstudio, die Körber-Stiftung ist von Anfang an einer seiner wichtigsten Förderer. Welchen Platz hat das Opernstudio unter den Aktivitäten der Körber-Stiftung?
Wehmeier: Unser Förderansatz im Kulturbereich bezieht sich zum einen auf junge Eliten, zum anderen auf regionale Aktivitäten, also auf Kultur in Hamburg. Dabei fühlen wir uns unserem Stifter verpflichtet, der zeit seines Lebens sowohl die Staatsoper unterstützt hat wie auch das Schauspiel und hier insbesondere das Thalia Theater mit seinem Freund Boy Gobert. Ausgehend von diesen »Uraktivitäten« unseres Stifters haben wir ein Konzept entwickelt, das junge Eliten in verschiedenen Kulturbereichen und Kontexten fördern möchte: im Bereich der Musik mit dem Internationalen Opern-

»Ein geistliches Bankett«

Dr. Klaus Wehmeier (links) und Louwrens Langevoort

studio, im Bereich des Schauspiels mit dem Boy-Gobert-Preis sowie mit dem Körber Studio Junge Regie und im Bereich Fotografie mit dem Körber-Foto-Award. Unser Ziel ist es, hoch begabte junge Talente beim Aufbau ihrer Karriere zu unterstützen und die Öffentlichkeit auf sie aufmerksam zu machen. In diesem Konzept bildet das Internationale Opernstudio mit seinem exzellenten zweijährigen »training on the job« quasi den Nukleus.

Langevoort: Sie verfolgen seit mehreren Jahren die Arbeit des Opernstudios. Wie sind Ihre persönlichen Erfahrungen?
Wehmeier: Ich bin ein Kulturgenießer, aber kein wirklicher Sachkenner. Dennoch habe ich im Verlauf der sieben Jahre, in denen ich dieses Projekt für die Körber-Stiftung begleite, eine Entwicklung beobachtet: Ohne jemandem wehtun zu wollen, glaube ich, dass sich die Qualität der Leistungen stetig gesteigert hat. Das hängt sicherlich damit zusammen, dass dem Ausbildungskonzept – junge Sängerinnen und Sänger zu begleiten und ihnen den »letzten Bühnenschliff« zu geben – von fachlicher wie von Fördererseite eine wachsende Bedeutung zugemessen wird. Als Förderer wollen wir keine anonymen Geldgeber sein, sondern Wegbegleiter und Ansprechpartner. An Ihnen, Herr Langevoort, schätze ich sehr, wie intensiv Sie sich um die Auswahl der Stipendiaten und um das Ausbildungsprogramm gekümmert haben. Sie haben schon beim Einwerben der mehreren Hundert Kandidaten darauf geachtet, die Besten unter den Guten auszuwählen. Das hat meines Erachtens wesentlich dazu beigetragen, dass sich das künstlerische Niveau der Stipendiaten im Laufe der Studiengänge stetig gesteigert hat.

Langevoort: Was wünschen Sie sich für die Zukunft?
Wehmeier: Dass die Absolventen gelegentlich einen Ball zurückspielen. Leider gehen die jungen Leute nach Abschluss ihrer Ausbildung viel zu schnell zur beruflichen Tagesordnung über. Sie haben es vielleicht im beruflichen Wettbewerb besonders schwer, aber es wäre schön, wenn die ehemaligen Stipendiaten ihre gewonnenen Erfahrungen weiterreichen würden, indem sie sich als Pate oder als Förderer ihrer dann jüngeren Kollegen zur Verfügung stellten. Es kann sein, dass dies bereits geschieht und wir wissen es nur nicht. Ich würde mich sehr freuen zu hören, dass das, was den jungen Sängerinnen und Sängern hier zugute gekommen ist, neben ihrer eigenen Karriereentwicklung auch anderswo einen Resonanzboden erzeugt hat.

Langevoort: Das müsste ja nicht in institutionalisierter Form geschehen …
Wehmeier: Unsere Stiftung will ein Forum für Impulse sein. Wenn in den Absolventen des Internationalen Opernstudios ein Feuer entfacht werden könnte, ihre Erfahrungen weiterzugeben, selbst dabei initiativ zu werden, könnte der Nutzen, den sie selbst aus der Förderung gezogen haben, multipliziert werden. Das wäre für die Körber-Stiftung ein schöner Erfolg ihres Engagements.

Qualität aus Hamburg

Dr. h. c. Hans-Heinrich Bruns, Stellvertretender Vorsitzender und Geschäftsführer der Stiftung zur Förderung der Hamburgischen Staatsoper

Die Stiftung zur Förderung der Hamburgischen Staatsoper unterstützt nicht nur Opernneuproduktionen sowie vor allem jene Projekte, die den Glanz der Hamburgischen Staatsoper nach außen tragen. Auch das Thema Nachwuchsförderung war von Anfang an ein Schwerpunkt. Dieses Engagement begann im Jahre 1966 mit der erstmaligen Verleihung des Dr. Wilhelm Oberdörffer-Preises für den sängerischen Nachwuchs und für den Nachwuchs des Balletts. Sie setzte sich 1979 mit der erstmaligen Verleihung des Eduard Söring-Preises für junge Musiker im Philharmonischen Staatsorchester fort. 1994 kam das Internationale Opernstudio dazu.

Der Grundgedanke des Internationalen Opernstudios wurzelt in Rolf Liebermanns Credo, dass man das Ensemble aufbauen und pflegen müsse. Die Gründung des Opernstudios wurde dann in Gesprächen zwischen der damaligen Intendanz, Gerd Albrecht und Peter Ruzicka, der Körber-Stiftung und der Opernstiftung verabredet, und die nachfolgenden Intendanten, der verstorbene Dr. Albin Hänseroth, Ingo Metzmacher und Louwrens Langevoort, haben die Arbeit sehr positiv und umsichtig weitergeführt. Die Förderung des Nachwuchses setzt sich inzwischen aber auch in der Unterstützung der Jugend- und Kinderoper auf Kampnagel fort, wo wir beispielsweise für »Oliver Twist« die Finanzierung des Kompositionsauftrages übernommen haben.

An der Hamburgischen Staatsoper findet in diesen Jahren ein größerer Generationswechsel statt. Dem begegnet das Opernstudio als eine hervorragende Einrichtung zur Auffrischung und Stabilisierung des Ensembles. Dies ist eines der Hauptmotive für uns, warum wir das Opernstudio – gemeinsam mit den anderen Förderern – in besonderer Weise unterstützen. Aus dem Opernstudio kommen immer wieder gute Sängerinnen und Sänger, die ins Ensemble übernommen werden können. Mehrere Absolventen singen heute auch an großen ausländischen Opernhäusern und verbreiten das Renommee des Internationalen Opernstudios: Es fällt inzwischen auf, was für gute Sänger in Hamburg ausgebildet werden.

Unterm Strich lässt sich sagen, dass das Internationale Opernstudio – auch vom Volumen der Unterstützung her – einen Schwerpunkt der Arbeit der Opernstiftung bildet. Es ist die »Lokomotive« unter den Projekten, mit denen wir den Nachwuchs an der Hamburgischen Staatsoper fördern und auch weiterhin fördern wollen.

Jonas Olofsson, Christoph Pohl, Tamara Gura, Ingrid Frøseth und Wilhelm Schwinghammer in »Gloria von Jaxtberg«

DIE ARBEIT BEFLÜGELN

*Gerhard Puttfarcken,
Airbus Deutschland GmbH*

So wie Flugzeuge Menschen und Nationen verbinden, so tut dies auch die Musik. Und beide, Musik und Flugzeuge, sind von Menschen geschaffene Wunderwerke – von jungen begabten Menschen –, die uns Grenzen überwinden helfen.

Begabte junge Menschen bedürfen immer wieder unserer Unterstützung und Förderung, sie brauchen unseren Beistand, unseren Zuspruch und unsere Anerkennung. Das Internationale Opernstudio hat diese Aufgabe vor zehn Jahren übernommen, und durch die bisher geleistete hervorragende Arbeit wurden junge Sängerinnen und Sänger für die internationalen Opernbühnen dieser Welt ausgebildet.

Airbus hat in diesen Jahren das Opernstudio gern bei seiner Arbeit ein wenig beflügelt, so wie auch uns der musikalische Hochgenuss immer wieder in eine luftige Welt der Träume entführt.

RICHTIGE ENTSCHEIDUNG

Jochen Kauffmann

Als Opernliebhaber war es mir immer schon ein Bedürfnis, junge Sängerinnen und Sänger finanziell zu unterstützen, um ihnen die Möglichkeit zu bieten, ihre abgeschlossene Ausbildung in einem Ensemble zu erweitern und zu vertiefen.

Nichts lag also näher, als diesen Traum zu verwirklichen, als ich vor zehn Jahren von der Gründung des Internationalen Opernstudios erfuhr.

Mit großem Interesse und Stolz habe ich in den vergangenen Jahren die Entwicklung der von mir betreuten »Kinder« in Aufführungen und Konzerten im In- und Ausland verfolgt und sehe, dass meine Entscheidung richtig war.

Hinzufügen möchte ich, dass sich Freundschaften entwickelt haben, die ich nicht missen möchte!

Maite Beaumont, Michael Smallwood, Frédérique Friess und Tim Severloh in »Bählamms Fest«

Nur der Darsteller ist der wahre Künstler

Die Bedeutung eines Opernstudios für die Entwicklung des sängerischen Nachwuchses
Von Jürgen Kesting

Es liegt ein besonderer Zauber im Klang einer jungen, frischen und unverbrauchten Stimme. Sie mag als Zweite Dame in der »Zauberflöte« zu hören sein, als Feodor in »Boris Godunow«, als Mercédès in »Carmen«. Der Erfolg einer Aufführung hängt nicht zuletzt von den nur scheinbar kleinen Dingen ab, die uns entzücken. Die griechische Mezzosopranistin Antigone Papoulkas hat die alte Theaterweisheit beglaubigt, dass es keine kleinen Rollen gibt, sondern nur Rollen, deren Möglichkeiten nicht genutzt werden.

Die Unpässlichkeit einer berühmten Kollegin verschaffte ihr die berühmte Katapult-Chance. Im Januar 1998 musste die bulgarische Mezzosopranistin Petia Petrova die Koloratur-Kaskaden von Rossinis Rosina singen – an Stelle von Edita Gruberova. Sie löste die Aufgabe, die auf das Gelingen des Unmöglichen herauszulaufen schien, bravourös und sang sich in die Herzen von Hamburgs Melomanen.

Die spanische Mezzosopranistin Maite Beaumont war den Hamburgern aus vielen »kleinen« Rollen – Flora in »La Traviata« oder Smeraldine in »Die Liebe zu den drei Orangen« – so wohl bekannt, dass sie, als Ruggiero in Händels »Alcina« kurzfristig einspringend, nurmehr die Sensation bestätigte, die (fast) von ihr erwartet worden war. Wenig später war sie bereits die erste Wahl für die Kaiserin Ottavia bei der Neuinszenierung von Claudio Monteverdis »L'Incoronazione di Poppea«. Inzwischen hat sie mit ihren ersten CD-Aufnahmen auch eine internationale Visitenkarte abgegeben.

Die drei Sängerinnen aus Griechenland, Bulgarien und Spanien – sie alle Mezzi – kommen aus dem Opernstudio der Hamburgischen Staatsoper. So wie die auf Mauritius geborene Sopranistin Danielle Halbwachs, die inzwischen die Elisabeth in Verdis »Don Carlos« gesungen hat; wie die lettische Sopranistin Inga Kalna, die als Sœur Constance in Francis Poulencs »Dialogues des Carmélites« ebenso exzellierte wie als Zauberin Armida in der Aufnahme von Händels »Rinaldo« unter René Jacobs; wie der Bariton Jan Buchwald, der mit dem Tierbändiger in Alban Bergs »Lulu« ein deklamatorisches Meisterstück lieferte und als »Der lächerliche Prinz Jodelet« beste Figur machte; so wie der Bass Andreas Hörl, der als Seneca in einigen Momenten an seinen großen Lehrer Kurt Moll erinnerte.

Das Opernstudio der Hamburgischen Staatsoper wurde in der Saison 1994/95 von Intendant Peter Ruzicka ins Leben gerufen und von mehreren Unternehmen – der Körber-Stiftung, der Stiftung zur Förderung der Hamburgischen Staatsoper, der Airbus Deutschland GmbH und Herrn Jochen Kauffmann – generös gefördert. Es war damals zwar eine neue Einrichtung, die inzwischen von mehreren Theatern aufgegriffen worden ist, aber es war eine überfällige Idee der Nachwuchsförderung und der Ensemble-Pflege. Für dieses praktische Aufbaustudium werden aus bis zu 200 Bewerbern sechs bis acht Stipendiaten mit einer abgeschlossenen Sängerausbildung ausgewählt. Zwei Jahre lang erhalten sie szenischen Unterricht, absolvieren sie Bewegungstraining, studieren sie kleine Partien, können sie neben erfahrenen Kollegen auf der Bühne stehen, bisweilen sich auch als *understudy* auf eine große Rolle vorbereiten. So haben viele bedeutende Karrieren begonnen: Nebenrollen singend, Hauptrollen mit all ihren Schwierigkeiten lernend.

Der Bariton Tito Gobbi, einer der überragenden Sänger-Darsteller in den zwei Jahrzehnten nach dem Krieg, berichtet in seinen Memoiren, er habe alle großen Rollen zunächst an kleinen Bühnen erprobt. Mehr noch, er betonte, dass er gerade von erfahrenen »Comprimarii«, den Sängern kleinerer Rollen, am meisten gelernt habe. »Nichts ist risikoreicher für einen jungen und reichlich unerfahrenen Sänger, als sich in einer anspruchsvollen Rolle den hochgespannten Erwartungen in einem großen Opernhaus zu stellen.«

Diese einst selbstverständliche Pflege des Nachwuchses ist im schnelllebigen internationalen Opernleben schwierig geworden. Oft, viel zu oft werden junge Sänger, kaum dass sie den ersten Erfolg errungen, verlockt,

Maite Beaumont und Andreas Hörl
in »L'Incoronazione di Poppea«

den zweiten und selbst den dritten Schritt vor dem ersten zu tun. Sie lassen sich dazu drängen, nach der Stimme zu suchen, die sie gern hätten, statt die Stimme zu pflegen, die sie haben. Doch nur wer die Stimme pflegt, die er besitzt, wird nach seinen Lehrjahren als David vielleicht die Stimme bekommen, mit der er später als Walther von Stolzing »Parnaß und Paradies« erobern kann.

Elisabeth Schwarzkopf hat einmal gesagt, dass Charakter für die Entwicklung und Dauer einer Karriere entscheidend ist: »Der Mut, auf alles zu verzichten, was scheinbar der Karriere dient, der Mut, nein zu sagen, selbst wenn schon auf halbem Wege bedeutende Verträge locken.« Diese Einsicht gehört zwar zu den Leitmotiven in Interviews vieler jüngerer Sänger, doch zu den Leid-Motiven vieler kritischer Beobachter des »Betriebs« gehört, dass allzu viele junge Künstler sich davon nicht leiten lassen. Insofern ist die Ensemble-Arbeit mit der ständigen Präsenz an einem Theater auch ein wichtiger Schutz für junge Sänger.

Überdies ist es eine kulturpolitische sowohl wie eine ökonomische Überlegung, junge Sänger für kleine und mittlere Rollen eine Zeit lang fest ans Haus zu binden. Sie sorgt, nicht zuletzt, für die Bindung des Publikums an die Künstler.

Neben den wenigen wirklich weltberühmten Stars, die Manna für die Abendkasse bedeuten können, gibt es viele Sänger, die in aller Welt singen und nirgendwo wirklich bekannt sind, weil sie nach fünf oder sechs Vorstellungen einer Neuinszenierung für lange Zeit nicht zu hören sind. Sie berauben sich damit der Chance, die – um nur einige Namen zu nennen – von Elisabeth Grümmer, Pilar Lorengar, Julia Varady, Fritz Wunderlich u. v. a. genutzt wurde: sich ihrem Publikum in Berlin, München oder Stuttgart in vielen Rollen zu präsentieren. Die inzwischen weltberühmte Vesselina Kasarova hat in einem Interview berichtet, dass sie in Wien nicht auf Anhieb ein Erfolg war. Sie musste sich gegen die höchsten Erwartungen behaupten: gegen die

Erinnerungen, die Namen wie Irmgard Seefried, Sena Jurinac oder Christa Ludwig tragen.

Auch in der Ära des Musiktheaters – der Regiekonzepte, der De-Komposition und der De-Konstruktion – gilt: Die Bühne gehört dem Darsteller. Damit ist nicht eine Aufführungspraxis gemeint, in welcher die Virtuosa oder der Virtuose seine Rolle als Mittel der Selbstdarstellung gebraucht oder missbraucht. Es gilt, wie Peter Konwitschny in einem Interview sagte, »sinnvolles Theater für unsere heutige Gesellschaft zu machen«.

Verträgt sich dies mit der Ansicht, dass »nur der Darsteller der eigentlich wahre Künstler sei«? Eine solche Äußerung kann heute bestenfalls als kecke These auf sich aufmerksam machen – oder als die absurde Meinung jener »Reaktionäre«, die sich zur Belcanto-Fraktion zusammengeschlossen haben. In der Hierarchie der Oper hat der Sänger sein einstiges Primat verloren. Ein Blick in fast jeden Premierenbericht zeigt, dass den Sängern – für diese eine frustrierende Erfahrung – wenig Aufmerksamkeit geschenkt wird. In den meisten Rezensionen entfallen fünf- oder sechshundert Worte auf die Regie und ihr Konzept und dreißig oder vierzig auf die Sänger – kaum mehr als die Nennung der Namen und einige Adjektive, bei denen jeder sich das Seine denken kann. Zwar geistert die Figur des »singenden Menschen« durch den ästhetischen Diskurs, aber dieser »singende Mensch« bleibt so schattenhaft wie das Phantom der Oper. Eine Diskussion über den Gesang – verstanden als ein zentrales handlungssetzendes Element des musikalischen Dramas – bleibt weithin ausgespart. Sollte es daran liegen, dass das Gesehene zu beschreiben leichter ist, als das Gehörte zu analysieren?

So sei, zur Ehrenrettung des Sängers, der Urheber des musikalischen Dramas und des Musiktheaters als Anwalt des Sängers aufgerufen: Richard Wagner. In seinem Epitaph auf den Tenor Ludwig Schnorr von Carolsfeld, der die Titelpartie in der Uraufführung von »Tristan und Isolde« gesungen hatte, schreibt der Komponist, er habe während einer Aufführung des »Tannhäuser« durch die ganz unbeschreiblich wundervolle Darstellung meines Freundes hindurch einen Blick in mein eigenes Schaffen geworfen, wie er wohl selten, vielleicht nie noch einem Künstler ermöglicht worden.« Wagner räumt damit ein, dass ihm Dimensionen der Rolle, deren er sich selbst zuvor nicht bewusst gewesen war, erst durch den Sänger klar oder besser: sinnfällig wurden. Wenn das Kunstwerk, wie Peter Konwitschny des Öfteren betonte, größer als sein Schöpfer ist, so liegt es am Ingenium der Darsteller. Sein Rang bemisst sich an der Vielzahl von Darstellungen und Deutungen, die es zulässt.

In einem am 20. Juli 1850 an Franz Liszt gerichteten Brief schreibt Wagner: »Entsinne Dich, wie ich Dich in Deiner besonderen Kunst schon früher glücklich pries, eben weil Du unmittelbarer Künstler, wirklich gegenwärtiger – in diesem Augenblicke sinnfällig gebender Künstler warest. ... Ich sprach Dir mein Wissen davon aus – daß nur der Darsteller der eigentliche wahre Künstler sei. Unser ganzes Dichter- und Komponistenschaffen ist nur Wollen, nicht Können: Erst die Darstellung ist das Können, die Kunst.«

Wagners Zeilen ließen sich als Schmeichelei abtun – wie so vieles, was er an seine Künstler schrieb, um sie für sich und die Realisierung des Werks einzunehmen –, fände sich dieser Gedanke nicht auch in der grundsätzlichen Schrift »Über Schauspieler und Sänger« von 1872.

Im Zentrum von Wagners Ästhetik des musikalischen Dramas steht die *Verwirklichung*. Für Wagner wie für seinen Zeitgenossen Giuseppe Verdi war die Suche nach rollen-geeigneten Sängern von entscheidender Bedeutung. Kaum dass Ludwig II. ihn entschuldet hatte, trat Wagner mit einem langen Petitum an seinen königlichen Gönner heran: »Bericht an seine Majestät den König Ludwig II. von Bayern über eine in München zu errichtende deutsche Musikschule.« Wagner äußerte sich besorgt darüber, dass die für seinen »Ring des Nibelungen« »zu berufenden Sänger an den deutschen Theatern nicht zu finden« seien. Seine Hoffnung richtete sich auf eine Sängerausbildung für »Aufführungen reinsten deutschen Stils«.

In Zeiten der Globalisierung – die im Musikleben dank Herbert von Karajan und Sir Georg Solti früher begann als die Bildung des »europäischen Wirtschaftsmarktes« – mag ein solcher Gedanke Ideologie-Verdacht auf sich ziehen. Der Opernbetrieb ist, wie die zu Beginn genannten Namen einiger der mehr als vierzig Hamburger Stipendiaten zeigen, international. Bei Gesangswettbewerben und auf den Theaterzetteln auch der kleineren und selbst der kleinsten deutschen Bühnen finden sich die Namen von Sängern aus vielen Ländern: aus Osteuropa und zunehmend auch aus China, Japan und Korea. Längst kann sich die Mailänder Scala nicht länger auf ein *italienisches* Ensemble stützen, die Pariser Oper nicht mehr auf ein *französisches*, und auf dem Grünen Hügel steht es wie zu Zeiten von Wagners Bittschrift an den König. Und doch erwartet der Musikfreund eine idiomatische Aufführung von »La Cenerentola« oder »Falstaff«, von »Don Carlo« und »Don Carlos« (in französischer Sprache), von »Carmen« oder von »Boris Godunow«. Umso wichtiger, ja: unerlässlich für ein großes Theater, aus dem internationalen Nachwuchs ein eigenes Ensemble aufzubauen und zu pflegen.

Der australische Tenor Michael Smallwood, der in der Saison 2001/02 ins Opernstudio kam, zitierte einen Rat, den er von der großen Marilyn Horne hörte: »Gehen Sie, wenn irgend möglich, nach Deutschland in ein festes Ensemble für ein paar Jahre. Denn dann können Sie ein Repertoire lernen.« Durch die Schulung im Studio und die tägliche Theaterpraxis erwerben die Sänger all das, was sich dem Begriff *stage craft* subsumieren lässt. Im Studio können sie sich ohne die Überforderung, welche Engagements gerade an kleineren Häusern mit sich bringen, auf den Ernstfall der großen Aufgabe vorbereiten, oft unter Anleitung der Stars. Die spanische Primadonna Montserrat Caballé hat einen Meisterkurs gegeben, ebenso der amerikanische Tenor-Virtuose Rockwell Blake und der Bassist Kurt Moll. Heute wird gern und oft von der Nachhaltigkeit gesprochen. Das Singen ist ein Lernberuf mit einer, zwei oder drei Jahrzehnte langen Ausbildung. Das Opernstudio ist die Vorschule – und eine der besten Investitionen in die Zukunft.

Michael Smallwood in »L'Incoronazione di Poppea«

Es war kein leichter Beginn

Von Kammersänger Hermann Winkler

1995 wurde ich vom damaligen Generalmusikdirektor Gerd Albrecht und dem Intendanten der Hamburgischen Staatsoper Peter Ruzicka gebeten, ein zu diesem Zeitpunkt noch nicht bestehendes Opernstudio zu leiten. Mit Freuden habe ich damals zugesagt, da ich durch meine Tätigkeit als Sänger der Hamburgischen Staatsoper sehr verbunden war.

Die anfänglichen organisatorischen Schwierigkeiten wurden mir weitgehend von Frau Rüter und, was Termine anging, von Frau Rosenberg abgenommen. Mittlerweile hat sich gezeigt, dass das Internationale Opernstudio eine erfolgreiche Entwicklung genommen hat.

Über meine persönlichen Eindrücke und Erfahrungen wäre zu sagen: Es war kein leichter Beginn. Mein Gebiet war der Gesang. Die Vorstellung, anderen mitzuteilen, was Gesang bedeutet, erwies sich als sehr kompliziert. Kompliziert darum, weil ich den Eindruck hatte, die ehemaligen Lehrer der Studenten waren in den Proberäumen unsichtbar präsent, um ihren ehemaligen Schülern zu sagen: »Was der Hermann Winkler sagt, ist zwar gut und auch sehr schön, aber leider falsch.« Zum Glück konnte ich dies widerlegen, weil ich alles vorsingen konnte, und so entwickelte sich allmählich eine vertrauensvolle Zusammenarbeit, welche letztlich auch fruchtbar war.

Abgesehen von einigen kleineren Geschehnissen denke ich sehr gerne an diese Zeit mit dem Internationalen Opernstudio zurück. Mein Wunsch wäre, dass es noch viele Sponsoren geben möge, die es ermöglichen, den Nachwuchs im Opern- und Konzertbereich zu fördern.

Ich wünsche dem Internationalen Opernstudio, den zurzeit studierenden und nachkommenden jungen Sängern toi, toi, toi – viel Erfolg und eine hoffentlich gute Karriere.

Hermann Winkler (Mitte) und Richard Trimborn im Kreise »ihres« Opernstudios.
V. l. n. r.: Jonathan Barreto-Ramos, Jürgen Fersch, Dagmar Hesse, Cornelia Zach, Gritt Gnauck, Christoph Johannes Wendel, Sabine Sommerfeld

Ein idealer Start

Von Prof. Dr. Peter Ruzicka (Intendant der Hamburgischen Staatsoper 1988–1997)

Sind junge Sängerinnen und Sänger schon bühnenreif, wenn sie, mit einem Diplom versehen, die Opernklassen der Musikhochschulen verlassen? Bei manchem Vorsingen habe ich die gegenteilige Erfahrung machen müssen: Da präsentierten sich Absolventen mit durchaus gutem Stimmpotenzial, aber oftmals ließen sie die notwendige Repertoirekenntnis und eine Flexibilität im Umgang mit der Musik verschiedener Epochen, eine gewachsene szenische Präsenz und darstellerische Gewandtheit vermissen. Eine empfindliche Lücke klaffte zwischen dem Ausbildungsangebot der Hochschulen und den Anforderungen eines auf internationalem Niveau arbeitenden Opernhauses. Diese Lücke zu schließen, sahen Gerd Albrecht und ich Anfang der neunziger Jahre als eine vorrangige Notwendigkeit an: Mit der Eröffnung des Internationalen Opernstudios an der Hamburgischen Staatsoper, das als ein Institut der Eliteausbildung konzipiert war, ging uns ein Herzenswunsch in Erfüllung. Wirklichkeit wurde diese Vision dank der großzügigen Förderung der Körber-Stiftung, die jährlich acht Stipendien für den hoch begabten Nachwuchs gewährte – ein Musterbeispiel für Public Private Partnership. Die jungen Sängerinnen und Sänger erhielten mit dieser Unterstützung nicht nur eine Grundabsicherung, sondern die Chance, zunächst in kleinen oder mittleren Partien und natürlich auch in Eigenproduktionen des Studios aufzutreten: ein idealer Start ihrer Berufslaufbahn. Die Hamburgische Staatsoper wiederum profitierte nicht minder, denn durch die Einbindung der Stipendiaten in den laufenden Spielplan konnte die Zahl der kostspieligen Gastverpflichtungen gesenkt werden. Und überdies erhielten wir die Option, diejenigen jungen Künstler nach Ablauf der Ausbildungszeit in das feste Ensemble zu übernehmen, die sich als geeignet erwiesen hatten. Hilfe zur Selbsthilfe war es also, die uns die Körber-Stiftung ermöglicht hatte.

Nach der ersten Ausschreibung 1994 waren über 200 Bewerbungen bei uns eingegangen, darunter mehr als 100 Sopranistinnen. Sich in diesem Fach durchzusetzen war für die Aspirantinnen daher noch viel schwieriger als etwa für die weniger stark repräsentierten Kollegen Tenöre. Viele Wochen nahmen die Aufnahmeprüfungen in Anspruch, bis wir die ersten sechs Stipendiaten ausgewählt hatten. Ich denke an manche der Produktionen, die bald nach Gründung des Studios auf die Bühne kamen, gerne zurück: voran die grandiose Einstudierung von Hanna Kulentys Kammeroper »The Mother of Black-Winged Dreams«, die als Gastspiel bei der Münchener Biennale uraufgeführt und danach in Hamburg gezeigt wurde. Diese Aufführung bewies, wie erfolgreich die Stipendiaten auch an ein Repertoire herangeführt werden konnten, das in ihrer Ausbildung noch keinen Platz hatte.

Zehn Jahre sind mittlerweile vergangen, zehn Jahre, die Maßstäbe gesetzt haben, denn viele andere Bühnen haben das wunderbare Modell des Opernstudios aufgegriffen und übernommen. Die Arbeit mit und für den Nachwuchs hat sich gelohnt; viele der Sängerinnen und Sänger haben ihren Weg an die großen Häuser, zu den wichtigen Fachpartien längst gefunden. Ein Beispiel möchte ich abschließend herausgreifen: Für den Sommer 2005 habe ich Maite Beaumont als Dorabella in »Così fan tutte« zu den Salzburger Festspielen verpflichtet – eine künstlerische Begegnung, auf die ich mich besonders freue.

rechts: »The Mother of Black-Winged Dreams«

Aus der Gemeinschaft heraus haben wir viel geschafft

Wie hat sich der Alltag eines Stipendiaten des Internationalen Opernstudios in den vergangenen zehn Jahren geändert? Welche künstlerischen Herausforderungen gab es im Gründungsjahr 1994 und wie ist die Situation heute? Wie ist der Umgang mit großen und kleinen Partien heute im Vergleich zu damals? Derzeit absolviert der fünfte »Jahrgang« das Internationale Opernstudio – Zeit für ein Kollegengespräch. Bettina Kok befragte Absolventen aus verschiedenen Jahrgängen: Gritt Gnauck, Katja Pieweck, Moritz Gogg, Christoph Pohl und Kay Stiefermann trafen sich zum Gespräch.

Die Absolventen des Internationalen Opernstudios im Gespräch mit Bettina Kok

Christoph Pohl

Kok: Um ein Bild davon zu bekommen, wie sich das Internationale Opernstudio im Laufe seines zehnjährigen Bestehens entwickelt und verändert hat, möchte ich zunächst Christoph Pohl als derzeitiges Mitglied darum bitten, den typischen Alltag eines Opernstudio-Sängers zu schildern.

Pohl: Ich singe diese Spielzeit um die siebzig Vorstellungen, das ist das Dreifache von dem, was ich im ersten Jahr gesungen habe. Da kann man natürlich extrem viel Erfahrung sammeln, wofür ich sehr dankbar bin. Man bekommt sehr viel Input und hat gar nicht so viel Zeit nachzudenken. Das finde ich aber gut, denn das Klein-Klein in der Hochschule hat man irgendwann satt. Dann ist es schön, wirklich gefordert zu werden. Und zu meinem Alltag … tja: Proben, Aufführung, Proben, Schlafen, Essen, Proben, so ungefähr.

Kok: Sie sind also eigentlich komplett in den Theaterbetrieb eingebunden?

Pohl: Ja. Zusätzlich haben wir natürlich noch die Meisterkurse, diese Spielzeit vier oder fünf, u. a. bei Kurt Moll. Was meine Rollen angeht, kann ich sagen, dass ich bisher gut eingesetzt wurde. Ich hatte nicht das Gefühl, überfordert zu werden. Ich habe mich nicht fragen müssen: »Warum singe ich jetzt Rigoletto und den Holländer und nicht vielleicht doch erst den Kaiserlichen Kommissar?«

Kok: Gibt es auch Rollen, die Sie covern, also mitstudieren, um sie im Notfall übernehmen zu können?

Pohl: Ja, ich habe einige Coveraufträge. Das ist spannend, man ist ja auch bei den Proben dabei. Es ist auch eine Chance. Man wünscht selbstverständlich niemandem, krank zu werden, aber das Einspringen gehört zum Operngeschäft. Was mich auch sehr weit gebracht hat, waren die Opernstudio-Produktionen. Wir haben in der letzten Spielzeit eine moderne Oper, »Gloria von Jaxtberg«, aufgeführt und haben jetzt gerade »Ein weltliches Bankett«, ein sehr schönes Projekt mit szenischen Bachkantaten, gemacht. Bei diesen Projekten hat man, im Gegensatz zu den Proben für Repertoireaufführungen, wirklich Zeit, intensiv schauspielerisch und szenisch zu arbeiten.

Kok: Sehen Sie diese Eigenproduktionen des Opernstudios als eine Bereicherung, auch wenn da Werke zur Aufführung kommen, die nicht unbedingt zum Repertoire gehören?

Pohl: Ja. Bei »Gloria von Jaxtberg« habe ich lange mit meiner Partie gehadert, die sehr schwer zu lernen war. Es ist natürlich kein Repertoirestück, das ich wieder brauchen werde. Aber bei der Arbeit an »Moses und Aron« wusste ich dann, dass ich mir bereits etwas Schwierigeres erfolgreich »in die Birne gehauen« hatte und dass ich das Neue auch noch schaffen würde.

Moritz Gogg, Katja Pieweck, Christoph Pohl

Kok: Opernstudio-Produktionen hat es auch in den ersten Opernstudio-Jahrgängen gegeben.

Gnauck: Ja, wir haben »La Cenerentola«, »Xerxes« und »Albert Herring« aufgeführt. Darüber hinaus habe ich das Einpersonenstück »Die menschliche Stimme« gemacht.

Kok: Und wenn Sie sonst von Ihrem Opernstudio-Alltag erzählen würden …

Gnauck: Wir hatten als feste Lehrer Richard Trimborn, den ehemaligen Studienleiter der Bayerischen Staatsoper, mit dem wir Partien studiert haben, und den Tenor Hermann Winkler, der für die stimmliche Betreuung zuständig war. Sonst kommt mir Christophs Beschreibung schon bekannt vor. Ich glaube jedoch nicht, dass wir ganz so viele Vorstellungen gesungen haben.

Stiefermann: Heute sind die Studiomitglieder viel mehr in das »normale Solisten-Ensemble« eingebunden. Ich war froh, dass wir nur um die dreißig Abende zu singen hatten, dadurch hat man Zeit gehabt, auch woanders etwas zu machen. Und es waren fast ausschließlich kleine Partien, was auch daran lag, dass für die meisten größeren Rollen schon Verträge mit Gastsängern bestanden, als das Opernstudio engagiert wurde. Papageno z. B. kam für mich erst nach der Studiozeit. Die einzige, die gleich große Partien gesungen hat, war Petia Petrova. Sie ist für Edita Gruberova als Rosina eingesprungen; das war eine Partie, die sie schon vorher in Bulgarien gesungen hatte. Es war also von Anfang an klar, dass sie die Partie irgendwann auch in Hamburg singen würde.

Pohl: Bei unserem Jahrgang ist es völlig anders. Bereits zwei oder drei von uns haben zum Teil auch mehrere große Partien gesungen.

Pieweck: Selbst als wir schon nicht mehr im Studio, sondern im Ensemble waren, wäre das nicht denkbar gewesen.

Gnauck: Ich bin froh, dass ich hier nur »kleine Sachen« gemacht habe. Das war für mich das Richtige.

Gogg: Mit der Möglichkeit, auch große Partien zu singen, unterscheidet sich das Opernstudio hier von den anderen Opernstudios. In Zürich z. B. bekommst du nur ganz kleine Partien. Dass es hier diese Möglichkeit gibt, finde ich sehr gut. Dann muss jeder Sänger für sich entscheiden, ob es für eine bestimmte Rolle vielleicht zu früh ist, und Nein sagen.

Stiefermann: Auch zu unserer Zeit war das Hamburger Opernstudio ganz anders als Einrichtungen anderer Opernhäuser. Auch wenn es nur kleinere und mittlere Partien waren: Die haben wir aber auch wirklich regelmäßig gesungen. Man hat sich schon ein Repertoire antrainieren können, eigentlich das, was früher im großen Ensembletheater gemacht wurde. Kurt Moll hat mir erzählt: Wenn er an ein neues Opernhaus kam, gab es dort fünf Bässe. Der »Kleine« hat dann Kaffee geholt für alle, aber er hat auch die kleinen Partien gesungen. Das war vielleicht die Idee, die hinter dem Opernstudio steckte: dass junge Sänger erst einmal langsam gehen lernen.

Kay Stiefermann, unten: Gritt Gnauck

Kok: Zu Ihrer Zeit war die Besetzungspolitik der Staatsoper an sich auch anders. Es wurden mehr Partien mit Gastsängern besetzt.

Gnauck: Ja, das war so gang und gäbe …

Stiefermann: Bei uns auch. Für Premieren gab es nur Gäste. Die Politik, Premieren mit Ensemblesängern zu besetzen, fing erst mit der Intendanz von Louwrens Langevoort an.

Kok: Katja Pieweck, Ihre Mezzokollegin Petia Petrova hatte mit ihrem Einspringen für Edita Gruberova großen Erfolg und wurde für das Opernstudio quasi zum Aushängeschild. Wie ist es, wenn man einerseits eine Gruppe ist, andererseits aber eine Sängerin so eine Sonderrolle einnimmt?

Pieweck: Petia Petrova fiel eigentlich von Anfang an aus der Gruppe heraus, auch weil sie erst später zum Studio dazukam. Es freut mich für sie, dass sie diesen Erfolg gehabt hat. Für mich war es der bessere Weg, kleinere Schritte zu machen. Ich habe mit den kleinen Partien angefangen und bin jetzt bei den mittleren gelandet. Es ist schwer, so viel Geduld zu haben, aber inzwischen weiß ich, was ich mir zutrauen kann und was nicht. Ich habe auch Zeit, nebenher Konzerte zu singen, Liederabende und Oratorien.

Stiefermann: Das stelle ich mir bei den siebzig Abenden etwas problematisch vor.

Pohl: Ja, dafür hat man nur wenig Zeit. Das ist ein bisschen schade, denn ich liebe Lieder über alles. Aber es ist jetzt halt die Zeit für Oper. Das wird nach dem Opernstudio wieder anders.

Kok: Moritz Gogg, Sie hatten bereits Bühnenerfahrung, als Sie hier anfingen, und haben recht schnell den Papageno singen dürfen. Andere aus Ihrem Jahrgang, wie Aleksandra Kurzak und Maite Beaumont, haben ebenfalls frühzeitig ihre Chancen bekommen. Dann stellt

Moritz Gogg, Christoph Pohl

sich aber auch die Frage, wie merkt man, wenn es zu viel wird?

Gogg: Jeder muss für sich wissen, welche Partien er hier vertreten kann. Papageno z. B. ist eine Partie, wo es nicht nur auf den Gesang ankommt und wo man mit vielen Dingen punkten kann. Aleksandra und Maite waren sicherlich reif für ihre Partien, sonst hätten sie auch nicht nachher diesen Erfolg gehabt. Es hängt natürlich auch vom Fach ab; ein Koloratursopran ist früher »reif« als ein Bariton. Zur Bühnenerfahrung: Einer der Gründe, warum ich nach Hamburg gegangen bin, war, dass ich hier den Papageno singen durfte. Ich hatte die Wahl zwischen einem kleinen Opernhaus und der Staatsoper. Ich habe mich für Hamburg entschieden, weil ich hier auf hohem musikalischen Niveau arbeiten konnte.

Kok: Christoph Pohl, Sie werden in diesem Jahr noch Ihren ersten Papageno singen.

Pohl: Ja, das wird spannend. Hier würde ich gerne Moritz beipflichten: Diese Rolle hätte ich letztes Jahr noch nicht gemacht. Jetzt fühle ich mich aber so weit. Ich würde sonst in diesem Haus noch keine größere Rolle singen, wenn man mir eine anbieten würde, aus Respekt vor dem Haus und der Bühne. Ich bin froh über alle kleinen Partien, die ich hier gesungen habe und noch machen werde, denn an ihnen kann man unglaublich wachsen. Wenn ich als Marullo neben einem »Bühnentier« wie Franz Grundheber, der den Rigoletto singt, stehe, ist das sehr beeindruckend, es sind einfach bleibende Erlebnisse. Man sollte darauf achten, dass die Rollen – und damit die Aufregung – nicht zu groß sind, so dass man noch in Ruhe alles beobachten kann.

Gogg: Ich finde es überhaupt gut, Sänger zu beobachten, zu sehen, was funktioniert und was nicht. Mit Herrn Grundheber z. B.: Du stehst daneben und denkst: »Was macht er, dass es so toll rüberkommt?« Davon kann man viel profitieren.

Kok: Wie viel Einfluss haben Sie als Opernstudio-Mitglieder bzw. als junge Ensemblemitglieder darauf gehabt, welche Rollen Sie singen?

Gnauck: Wir sind natürlich nicht hingegangen und haben gesagt: »Ich möchte gerne Pamina singen.« Es wurde uns eine Partie vorgeschlagen. Für Frauen gibt es gar nicht so viele kleine Rollen. Bei den Männern gibt es viel mehr Partien von der Größe des Kaiserlichen Kommissars oder des Herolds in »Otello«.

Kok: Aber Sie haben schon sagen können: »Das liegt mir nicht, das traue ich mich noch nicht«?

Gnauck: Ja. Ich war nicht in einer solchen Situation,

aber ein paar Studiomitglieder haben das schon gemacht.

Stiefermann: Das hat sich aber nur selten ergeben, die Aufgaben waren erfüllbar.

Gnauck: Ich habe mit den kleineren Partien sowieso reichlich zu tun gehabt. In meinem ersten Jahr habe ich achtzehn kleine Partien gelernt, das hat mir schon gereicht.

Pohl: Gritt, ich wollte dich fragen, ob du etwas bereust oder ob du gerne etwas anders gemacht hättest?

Gnauck: Nein, ich bereue überhaupt nichts. So, wie es damals bei uns war, war es für mich ideal.

Kok: Sie sind drei Baritone, die zwar kein ganz identisches Repertoire, aber doch viele Überschneidungen haben. Wie geht man damit um, dass es immer und überall Konkurrenz im selben Fach gibt?

Gogg: Meine besten Freunde sind alle Baritone …

Stiefermann: Außerdem gibt es nicht so viele von uns, wie man immer sagt. Jeder Sänger bringt ja auch was anderes mit, insofern ist keiner einfach ersetzbar. Wenn in einem Opernhaus ein bestimmter Sänger bevorzugt wird, dann liegt es ja auch nicht an dem Kollegen, sondern an der Konstellation insgesamt. Aber harte Konkurrenz unter Kollegen habe ich noch nie erlebt, ich kenne das nur aus Geschichten. Es gibt eigentlich genug Arbeit.

Pohl: Jeder hat ja auch seinen eigenen Weg. Welche Stimmlage, welche Charakterisierung, singt er lieber große oder lieber kleine Partien. Der eine singt den Papageno so, der andere so …

Kok: Gritt Gnauck, den Sprung ins erste Fach haben Sie erst bei Ihrem Folgeengagement in Essen gemacht.

Gnauck: Ja, ich habe mir da beispielsweise Dorabella, Cherubino und Rosina erarbeitet. Ich singe aber auch weiterhin viele kleinere Partien wie Dritte Dame oder Maddalena.

Kok: Wie war es, als Sie aus Hamburg weggegangen sind?

Gnauck: Zunächst hatte ich kein festes Engagement. Das erste Jahr wurde sozusagen zu meinem Operettenjahr: Ich habe in Lübeck auf der Freilichtbühne im »Zigeunerbaron«, im Hamburger Alleetheater den Orest in »Die schöne Helena« und an der Wiener Kammeroper die Titelpartie in »Die Großherzogin von Gerolstein« gesungen. Während dieser Zeit bin ich zum Vorsingen nach Essen eingeladen worden. Dort habe ich erst einen Zeitvertrag bekommen und u. a. Mercédès gesungen. Im folgenden Jahr bekam ich dann einen Festvertrag. Freischaffend zu arbeiten ist sehr schwierig. Das geht nur, wenn man spezialisiert ist, z. B. als Koloraturmezzo, der alles von Rossini und Donizetti singen kann.

Kok: Die Entscheidung, von einem Opernhaus wegzugehen, trifft man vermutlich nicht leichten Herzens. Kay Stiefermann, Sie waren nach dem Studio noch zwei Jahre im Ensemble und sind dann weggegangen …

Stiefermann: Ich war in der Situation, dass ich gerne in mein erstes Fach wollte, was zu dem Zeitpunkt in Hamburg leider nicht möglich war. So habe ich mich für ein gutes Angebot aus Wuppertal entschieden. Das war im Nachhinein die richtige Entscheidung, aber es war schon schwierig wegzugehen. Hamburg war das Opernhaus, in dem ich sozusagen in der Wiege gelegen hatte. Aber wenn ich jetzt hier bin, gibt es immer noch eine schöne Verbindung zu den Kollegen, mit denen ich zusammengearbeitet habe.

Kok: Katja Pieweck, wie war es bei Ihnen? Sie haben sich nach der Zeit im Opernstudio entschieden, in Hamburg zu bleiben?

Pieweck: Ja, ich hatte Angst, anderswo verheizt zu werden. Ich habe die Möglichkeit, sowohl Mezzo als auch Sopran zu singen, und wenn das an einem kleineren Haus herauskommt … (lacht). Da hätte ich Angst um meine Stimme gehabt.

Kok: Sie haben ja schon mehrere Intendantenwechsel erlebt – wie gehen Sie damit um, wenn ein neuer Intendant gerne seine eigenen neuen Sänger entdecken möchte und den »vorhandenen Sängerbestand« unter Umständen nicht auf Anhieb richtig zu würdigen weiß?

Pieweck: Ich würde nicht sagen, dass ich bisher verkannt worden bin … aber vielleicht wäre ich schon gerne mal gefragt worden, ob ich nicht eine große Partie ausprobieren möchte. Aber ich kann das inzwischen gelassen abwarten.

Pohl: Man hat als junger Sänger einen gewissen Anfängerelan, der im nächsten Engagement vielleicht weg ist. Ich gehe nächste Spielzeit auch woanders hin und habe natürlich überlegt, ob ich das wirklich machen sollte. Der angebotene Vertrag war jedoch so gut, dass es nicht sehr viel zu überlegen gab. Aber wenn man hier angefangen hat, sich wohl fühlt und sich eingelebt hat … Das ist schon schwierig.

Kok: Öffnet es Türen bei Agenturen oder an anderen Opernhäusern, dass man in Hamburg im Opernstudio gewesen ist?

Pohl: Auf jeden Fall. Das Hamburger Opernstudio hat – was ich auch berechtigt finde – einen guten Ruf, weil man hier sehr viel praktische Erfahrung sammelt. Vor allen Dingen kann ich endlich sagen, dass ich Bühnenerfahrung habe. Als ich vor meiner Studiozeit die ersten Vorsingen gemacht habe, hieß es immer: »Ja, das war ja toll, Herr Pohl, aber wir hätten gerne einen Sänger mit ein bisschen mehr Erfahrung …«

Gogg: Ja, das ist so typisch, nicht wahr?

Gnauck: Ja, achtzehn Jahre alt, schick und schön, und zwanzig Jahre Bühnenerfahrung … das ist gefragt! Scherz beiseite: Man wird sicherlich anders bewertet. Wenn in deinem Lebenslauf »Hamburgische Staatsoper« steht, dann lesen sie nicht kaum noch weiter. Wenn man direkt von der Hochschule kommt, ist es dagegen fast unmöglich.

Stiefermann: Ich finde es auch schön, die jetzigen Opernstudio-Mitglieder hier auf der Bühne zu sehen, z. B. in »Moses und Aron«. Wahrscheinlich bin ich dafür auch sensibilisiert, aber wenn die sechs Gestalten da herauskommen, die ja fast alle aus dem Studio sind, dann denkt man doch: Super! Oder bei den Opernstudio-Produktionen, eine solche Gruppe findet man ja sonst nirgendwo.

Pohl: Es bedeutet viel, eine Gruppe zu sein. Aus der Gemeinschaft heraus haben wir viel geschafft. Bei der Bach-Produktion, wo wir die ganze Zeit auf der Bühne waren und wo es teilweise recht intim war, wurde alles dadurch sehr viel leichter, dass wir uns so gut kannten. Man kann viele Vorteile aus einer solchen Gruppe ziehen.

Kok: Wenn Sie noch einmal 26 Jahre alt wären und Ihr Studium gerade abgeschlossen hätten, würden Sie sich wieder für das Internationale Opernstudio bewerben?

Alle: Auf jeden Fall.

Der richtige Weg zum Gesang

Von Kammersängerin Anna Tomowa-Sintow

Im Laufe von vielen Jahren hatte sich eine wunderbare künstlerische Verbindung zwischen der Hamburgischen Staatsoper und mir entwickelt Ich schätzte immer besonders das hohe künstlerische Niveau dieses Theaters mit großer Tradition und ich mochte die einmalige Atmosphäre der Hansestadt, die natürlich auch in der Oper spürbar war. Und ich mochte auch die Menschen dieser Stadt, die so eng mit der Musik und der Opernkunst verbunden sind.

Im Mai 2004 wurde ich eingeladen, eine Meisterklasse mit den jungen Künstlern des Opernstudios durchzuführen. Ich fühlte mich glücklich verpflichtet, meine gesammelte Erfahrung an die junge Generation weiterzugeben, ihr zu helfen, den richtigen Weg zum Gesang zu finden, sie zu ermuntern, die eigene künstlerische Persönlichkeit zu stärken und vielleicht vor allem die Liebe zum Gesang zu vertiefen und diesen Prozess bewusster zu erleben, um das alles an das Publikum weitergeben zu können.

Es waren sieben junge Sänger verschiedener Nationalitäten, aber doch miteinander verbunden durch ihr gemeinsames Ziel – das Singen! Alle waren mit wunderschönen Stimmen begnadet und unendlich wissbegierig! Noch beim ersten Treffen ergab sich ein sehr spontaner Kontakt – wir waren gegenseitig offen für einander, und so kam es zu einer sehr produktiven Arbeit, die mir und den jungen Sängern gemeinsam sehr viel Freude bereitet hat! Ich bin sehr glücklich darüber, von der Theaterleitung zu hören, dass dies auf der Bühne ebenfalls zu spüren war, dass diese Zusammenarbeit Früchte getragen hat!

Nun feiert das Opernstudio der Hamburgischen Staatsoper in dieser Spielzeit sein zehnjähriges Jubiläum. Es ist bekannt, dass im Laufe dieser Jahre dieses Opernstudio die Laufbahn vieler, inzwischen etablierter Sänger auf verschiedenen Opernbühnen geebnet hat.

Herzlichsten Glückwunsch zu diesem großen Ereignis! Möge es zu einer fortlaufenden, wunderbaren Tradition werden!

Ich wünsche den jungen Mitgliedern dieses Opernstudios viel Erfolg in ihrer künstlerischen Entwicklung und Laufbahn und denen, mit welchen ich zusammengearbeitet habe, viel Glück! Ich werde sie in Gedanken auf ihrem weiteren Weg begleiten!

Toi, toi, toi!

Königin mit stiller Kraft

Danielle Halbwachs gehörte von 1998 bis 2000 zum Internationalen Opernstudio der Staatsoper. Seit 2001 ist sie Ensemblemitglied: einer der erklärten Publikumslieblinge. Eine ihrer wichtigsten Partien in Hamburg war Elisabeth de Valois in der »Don Carlos«- Neuinszenierung 2001, aber auch als Madame Lidoine (»Dialogues des Carmélites«) sang sie sich in die Herzen der Hamburger Opernfans. Mit der auf Mauritius geborenen Sopranistin sprach Annedore Cordes.

Danielle Halbwachs als Elisabeth de Valois in »Don Carlos«
mit Gabriel Sadé (links) und Robert Hale

Frau Halbwachs, kürzlich erzählte mir ein Kollege, dass er vor einer »Don Carlos«-Vorstellung in Ihre Garderobe kam und Sie irrtümlich mit »Hallo, Elisabeth« begrüßte. Kein Zufall, denn Sie scheinen diese Rolle nicht mehr zu spielen, Sie sind einfach Elisabeth, wenn Sie auf die Bühne treten. Wie kann eine solche vollkommene Rollenidentifikation glücken?
Die Musik zu »Don Carlos« hat mich spontan angesprochen, und die Rolle der Elisabeth habe ich sofort geliebt. Dass die Oper hier in meiner Muttersprache, auf Französisch, gespielt wird, hat ebenfalls zu einer raschen Vertiefung der Beziehung beigetragen. Wenn ich mich auf eine Partie vorbereite, versuche ich immer Parallelen zu Situationen meines eigenen Lebens zu finden. In diesem Fall trug zum Beispiel meine katholische Erziehung zu einem Verständnis der Situation, in der sich Elisabeth befindet, bei: Man lernt zu verzichten und Opfer zu bringen. Und man lernt zu lieben, selbst wenn man nicht auf Gegenliebe stößt. Darum konnte ich das Leid dieser Frau so gut erfühlen und zum Ausdruck bringen.

Passiert Ihnen eine so intensive Identifikation mit anderen Figuren aus Ihrem Repertoire auch?
Ich bin überzeugt, dass in jedem von uns viele ungeahnte Emotionen und Fähigkeiten schlummern. Als Sängerdarsteller ist es unsere Aufgabe, uns mit jeder Rolle zu identifizieren, um nicht uns selbst, sondern die Theaterfigur zu spielen. Ich bin beispielsweise auch sehr gerne Hanna Glawari in der »Lustigen Witwe« oder Contessa Almaviva. Aber »Don Carlos« war für mich die erste große Premiere in Hamburg. Eine mehrwöchige Probenarbeit schafft ganz andere Möglichkeiten, sich einer Figur anzunähern als eine Wiederaufnahme. Außerdem hat die Zusammenarbeit mit Peter Konwitschny sehr zu der intensiven Rollengestaltung beigetragen.

Wie haben Sie sich auf die Rolle vorbereitet?
Zuerst habe ich mich mit der Geschichte von Philipp II.

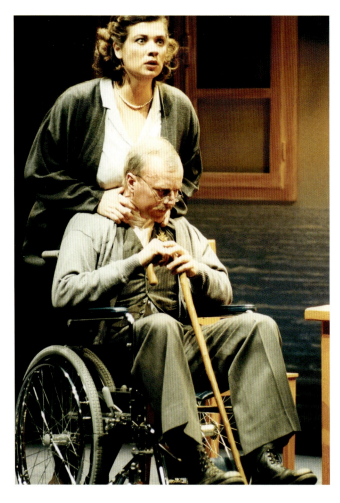

Danielle Halbwachs als Elisabeth de Valois
in »Don Carlos« mit Jeanne Piland (unten)
und als Frau in »Der arme Matrose« mit Jörn Schümann

Selbst zu finden, um der emotionalen Komplexität einer Figur gerecht zu werden. Durch seine tiefgründige Analyse eines jeden Charakters gibt er den Sängern eine enorme Hilfestellung, sich darin zu erkennen.

Elisabeth steht für den Typus der Opferrolle: die leidende, fühlende Frau, deren Träume unerfüllt bleiben und die trotzdem nie wirklich aufbegehrt. Eine passive Rolle also – ganz im Unterschied zu ihrer Gegenspielerin Eboli. Hätten Sie manchmal Lust, die Fronten zu wechseln, die Femme fatale zu geben?
Für mich ist Elisabeth nicht passiv. Sie opfert ihre Liebe zu Carlos für das Volk. Obwohl sie sehr darunter leidet, bewahrt sie ihren schönen Geist, ihre menschliche Integrität und ihre liebevolle Art bis zum Schluss. Sie besitzt eher eine stille Kraft. Um ihrer Überzeugung und ihren Gefühlen treu zu bleiben, benötigt sie eine enorme Willensstärke. Wenn ich eine Rolle spiele, sehe ich mich zwar in Bezug zu anderen Figuren, aber ich vertiefe mich nicht in deren Charakter. Abgesehen davon, dass ich für die Eboli nicht die stimmlichen

und Elisabeth de Valois beschäftigt und viel über die Zeit der Inquisition gelesen. Auch Schillers »Don Carlos« zählte zu meiner Lektüre. Verdis Musik hörte ich mir so oft wie möglich an, weil ich durch die verschiedenen Modulationen und Rhythmen immer wieder neue Hinweise für den Ausdrucksgehalt der Rolle und damit auch für die Emotionen und Aktionen auf der Bühne entdecken konnte.

Worin liegt der Reiz bei der Zusammenarbeit mit Peter Konwitschny?
Die Zusammenarbeit mit Peter Konwitschny ist immer eine Freude, weil er seine Arbeit und die Menschen liebt. Durch diesen Enthusiasmus motiviert er alle Beteiligten auf den Proben zu Höchstleistungen. Man wird geradezu angefeuert, in sich selbst hineinzuhorchen, vielleicht noch unbekannte Facetten im eigenen

Danielle Halbwachs als Madame Lidoine
in »Dialogues des Carmélites«

Voraussetzungen habe, könnte ich mir aber theoretisch vorstellen, auch Ebolis Bühnencharakter darzustellen.

Worin bestehen die gesanglichen Klippen der Partie, welche vokalen Fähigkeiten braucht eine gute Elisabeth?
Elisabeths Musik ist von berückender Schönheit und benötigt immer einen »schönen Klang«, gutes Legato und eine ausgezeichnete Phrasierung. Man braucht ein großes Farbspektrum von der lyrischen bis zur dramatischen Palette. Man muss auch die Länge dieser Partie bewältigen können und die Kraft ökonomisch einteilen. Vor allem darf ich nicht vergessen, dass ich eine blutjunge Frau darstelle – Elisabeth ist ja erst sechzehn!

Wie schätzen Sie Ihre persönliche Entwicklung ein?
Meine erste große künstlerische Entwicklungsphase geht jetzt zu Ende. In Hamburg hatte ich die Chance, viele große Rollen auszuprobieren, und während dieser Zeit wurden mir auch ein paar Exkursionen ins schwerere Fach ermöglicht. Natürlich war meine Laufbahn hier nicht ohne Rückschläge, aber ich habe viel gelernt und fühle mich stärker und offener. Die Erfahrungen an der Hamburgischen Staatsoper haben mich als Sängerin und Künstlerin sehr geprägt, und ich glaube, dass die Zeit gekommen ist, in »größere Gewässer« vorzustoßen.

Welche Erinnerungen verknüpfen Sie mit dem Internationalen Opernstudio?
Während meiner Zeit im Opernstudio habe ich fantastische Sänger erleben dürfen und viel zugeschaut und gelernt. Es war für uns eine besondere Ehre, große Rollen auf der Bühne zu singen, weil es damals nicht üblich war, dass Opernstudiomitglieder in Hauptpartien eingesetzt wurden. Wir mussten erst beweisen, das wir diesen Partien gewachsen waren und sie auch verdienten. Dadurch habe ich in jener Zeit mehr Disziplin und Willensstärke entwickelt. Heute singen die Mitglieder des Opernstudios oft größere Rollen, und es findet kein langsamer Reifungsprozess mehr statt.

Als Ensemblemitglied der Staatsoper können Sie nun die nachfolgenden Jahrgänge des Opernstudios hautnah miterleben. Sehen Sie Nach- bzw. Vorteile zu Ihrer damaligen Situation?
Ich finde, wir hatten es gut, weil wir eigentlich keinen Erfolgsdruck hatten. Die heutigen Studiomitglieder scheinen mir von Anfang an höheren Erwartungen ausgesetzt zu sein, das heißt, sie können nicht so viel ausprobieren und »herumspielen«. Wir hatten miteinander wahnsinnig viel Spaß im Opernstudio – ich weiß nicht, ob das heute noch so ist.

Richtig arbeiten lernen

Von Kammersänger Kurt Moll

Zum zehnten Geburtstag des Internationalen Opernstudios der Hamburgischen Staatsoper möchte ich den Gründern wie auch den Mitgliedern herzlichst gratulieren.

Ich finde es sehr wichtig, dass ein Institut wie die Hamburgische Staatsoper jungen Künstlern die Möglichkeit bietet, an der realen Praxis eines großen Opernbetriebes teilzunehmen. Das, glaube ich, ist wichtiger für die Entwicklung eines jungen Künstlers als sinnloses Studieren und Nachbrüten über eine vielleicht sich anbahnende Karriere.

Zu diesem schönen Beruf gehört vor allem, richtig arbeiten zu lernen. Das kann man nur unter fachgerechter Hilfestellung von erfahrenen Leuten in der realen Praxis.

Ich danke den Verantwortlichen des Internationalen Opernstudios für die Initiative, die sich sicherlich gelohnt hat, da es doch nun schon eine Reihe von jungen Sängerinnen und Sängern gibt, die aktiv im Berufsleben stehen und von den Erfahrungen im Internationalen Opernstudio profitieren.

Aleksandra Kurzak, Jan Buchwald und Michael Smallwood in »Bählamms Fest«

Wie bringe ich das rüber?

Von Siegfried Schwab (Studienleiter an der Hamburgischen Staatsoper von 1992 bis 2001)

Der Übergang von einer Ausbildung in die Realitäten der Berufe stellt für viele bekanntermaßen eine große Hürde dar. Eben der berühmte Sprung ins kalte Wasser! Ob es bei den »Alten« besser war, vermag ich nicht zu sagen, doch es scheint mir, dass der Einstiegsdruck nicht so hoch war wie heute. Schon der hierarchische Aufbau des Opernensembles sorgte dafür, dass die »Kleinen« erst einmal nicht drankamen. Dafür hatten sie aber oftmals gewaltige Vorbilder vor der Nase, von denen es sich unter anderem wunderbar abkupfern ließ.

Zum anderen, denke ich, war das Studium alter Tage deutlich berufsorientierter als heutzutage. Natürlich mussten die »Alten« auch ihre Theorie pauken, doch man blieb nicht im Separatwissen stecken, sondern die Verknüpfung mit allem anderen Bühnenwissen wurde angestrebt und vermittelt und kam so oft auf wunderbare Weise über die Rampe.

Diese Verknüpfung zu erkennen, herzustellen und zu transportieren war zumindest in meiner Opernstudio-Zeit ein immer wiederkehrendes Problem der Sänger. Bei dem einen hörte man außer Stimme gar nichts, der andere war so kopfüberfrachtet, dass er kaum noch gehen konnte ... Der Weg zum Interpreten, selbstständig, sicher, souverän, braucht eben Verknüpfungen, aber vor allen Dingen Training.

Wenn man in den Klavierauszügen liest, wie penibel die Komponisten oft noch das kleinste Detail ausformuliert haben, und man endlich in der Lage ist, dieses auch noch zu erkennen, geht es an die Umsetzung. Wie bringe ich das rüber? Ohne Verrenkung und ohne Krampf? Und da liegt einer der Vorteile eines Opernstudios: Man hat eine gewisse Schonfrist und Zeit, obwohl die leider auch am Theater immer weniger wird. Aber das Allerwichtigste: immer wieder Vorstellungen! Aufführung als Probe. Reagieren zu müssen auf ein Publikum, auf einen Raum, Kollegenkritik (gemeint ist natürlich die aufbauende), um nur einiges zu nennen. Das kann man nicht im stillen Kämmerlein üben, das muss draußen geprüft werden, auch um seine Selbstkritik zu stärken. Und immer wieder kontrollieren, ob die Verknüpfungen auch die »guten« sind, die tragen, oder doch nur die eingebildeten.

Ich hatte oft das Vergnügen, die Wirkung mitzuerleben, wenn es klappt. Buchstäblich körperlich zu spüren, wenn eine(r) alle, aber wirklich alle mitreißt. Das ist Theater, wie ich es liebe und brauche: Erschütterungen spüren und noch nachts davon träumen.

Junge Leute dahin zu führen und die Begeisterung für die Bretter zu vermitteln, die die Welt bedeuten, um das Theater erlebenswert zu halten, aber auch Traditionen und Werte weiterzugeben, war mir eine schöne Zeit lang als Studienleiter und musikalischer Einstudierer der Hamburgischen Staatsoper und deren Opernstudio vergönnt. Ich wünsche den Sängerinterpreten des Opernstudios, dass ihnen ihre vorgenommenen Verknüpfungen gelingen mögen.

Siegfried Schwab, Sabine Sommerfeld, Zdena Furmančoková, Staatsrat Dr. Knut Nevermann, Dagmar Hesse nach einem Konzert des Internationalen Opernstudios

Ich mag die romantischen Heldinnen

Inga Kalna kam 1999 in das Internationale Opernstudio. Die Sopranistin hatte in ihrer Heimatstadt Riga bereits die großen Partien des italienischen Fachs gesungen, entschloss sich aber dennoch zu zwei weiteren Ausbildungsjahren in Hamburg. Hier erlebte sie den Durchbruch beim Publikum, als sie kurzfristig als Violetta Valery einsprang. Mit ihr sprach Bettina Kok.

Als Sie ins Internationale Opernstudio engagiert wurden, hatten Sie bereits eine sehr umfangreiche Repertoireliste. Wie kommt das?

Ich habe wahrscheinlich einfach Glück gehabt. Die lettische Nationaloper, wo ich seit 1995 singe, ist ein Ensembletheater, das damals mit den Sängern auskommen musste, die da waren. Ich habe dort unter anderem Mimì und Musetta sowie Gilda, Violetta und Liù gesungen. In London, wo ich ein Aufbaustudium absolviert habe, kamen dann noch vier weitere Partien dazu. So kam es, dass ich nach drei Monaten in Hamburg bereits in »La Traviata« einspringen konnte. Dieses Einspringen finde ich so phantastisch; ich fühle mich dabei auch recht entspannt: Man kann es ja nicht besser machen, als man kann.

Beim Einspringen muss man sich darauf verlassen können, dass man die gesamte Partie und auch die Inszenierung bzw. die szenische Einweisung, die man kurz vorher bekommen hat, aus der Erinnerung abrufen kann.

Ich habe wahrscheinlich ein ganz gutes Gedächtnis. Als ich in »Les Contes d'Hoffmanns« eingesprungen bin, war es allerdings schwierig wegen der französischen Dialoge. Ich sollte sehr kurzfristig als Antonia einspringen. Die Partie hatte ich ja drauf, das Problem war aber, dass ich sie nie auf der Bühne gesungen hatte. Dazu kamen die Dialoge in einer Sprache, die ich leider nicht beherrsche … Die Lösung war, dass die erkrankte Kollegin die Dialoge auf der Bühne gesprochen hat, während ich aus dem Orchestergraben gesungen habe. Das war sehr lustig.

**Ihr letztes »lustiges« Einspringen war in »La Traviata«, während Sie schwanger waren. Ihre Kollegin hatte im Verlauf des ersten Aktes festgestellt, dass sie die Violetta nicht würde zu Ende singen können. Sie sind angerufen worden, haben sich sofort auf den Weg gemacht, Ihren Bauch ins Nachthemd gezwängt und

Inga Kalna als Laura in »Der lächerliche Prinz Jodelet« (linke Seite),
in »Das geistliche Bankett« mit Antigone Papoulkas und Susann Hagel (links)
und als Mimì in »La Bohème« (unten)

dann eine wunderbare Violetta im dritten Akt gesungen. Hat das wirklich Spaß gemacht?

Das hat riesig Spaß gemacht. Ich bin noch nie nur für den letzten Akt, sozusagen für den »Nachtisch«, eingesprungen. Ich hatte nicht gedacht, dass mir so was passieren würde.
Wenn man einspringt, bekommt man immer die ganze Aufmerksamkeit, aber eigentlich ist es weniger anstrengend für mich als für die Garderobe, die Maske, den Dirigenten oder die Gesangskollegen. Einige hatten mit mir noch kein einziges Mal gesungen, und ohne gemeinsame Proben auf der Bühne zu stehen, nicht genau zu wissen, was man von seinem Partner erwarten kann, das ist schwierig.

Sie haben in der Produktion von »Dialogues des Carmélites« in der Regie von Nikolaus Lehnhoff mitgewirkt. Hier haben Sie schauspielerische Ausdrucksmöglichkeiten gezeigt, die wir bei Ihnen bisher nicht gesehen hatten.

In diesem sehr philosophischen Stück wird erzählt, wie man die eigene Angst überwinden kann, eine ganz eigenartige Thematik für eine Oper. Sonst steht ja immer eine Liebesgeschichte im Mittelpunkt. In »Dialogues des Carmélites« geht es um Isolation, um Menschen, die sich von der Welt isolieren wollen, aber dies nicht können. Die Zusammenarbeit zwischen allen Darstellerinnen, auch den Chordamen, war phantastisch und hat mir unheimlich viel Spaß gemacht. Die Trachten der Nonnen sind fast gleich, wir sind bedeckt von Kopf bis Fuß, die einzige Stelle, die sichtbar ist, ist unser Gesicht. Wir müssen mit unserer Mimik und unseren Posen spielen, um uns voneinander abzuheben, das ist schauspielerisch sehr interessant.

Die Figur der Constance ist die einzige, die heiter und naiv ist. Gleichzeitig zeigt sie aber auch eine tiefe Weisheit.

Ja, es gibt naive Menschen, die hellseherische Kräfte haben und wirklich verschiedene Sachen vorhersehen können. Sonst ist es ein sehr düsteres Stück, das un-

Inga Kalna in »Dialogues des Carmélites« mit Ana María Martinez (links) sowie in »Das geistliche Bankett« mit Jan Buchwald und Henning Voss (rechte Seite)

heimlich viel Konzentration und gleichzeitig viel Emotionalität verlangt. Man muss seine eigenen Ängste überwinden.

Ja, obwohl alles in dieser Produktion sehr abstrakt ist, wirkt es an manchen Stellen sehr konkret.
In Lettland gibt es einen Theaterpreis. Er sieht aus wie ein Bühnenboden aus Holz. Hinten ist eine polierte Pyramide, die wie ein Spiegel wirkt. Wenn man auf die Bühne sieht, sieht man also sich selbst. Mitten auf der Bühne ist ein goldener Zweig. Die Einfachheit und die Weisheit dieses Symbols haben mich immer fasziniert. Und dieses Stück, »Dialogues des Carmélites«, erinnert mich rein visuell an diesen Preis, an diese Form.

Haben Sie den Preis schon bekommen?
Ja, zweimal.

Das hatte ich auch nicht anders erwartet … Sie haben von Anfang an ein recht breites Fach abgedeckt, lyrische Sopranpartien mit mehr oder weniger Koloratur. Welche Partien liegen Ihnen am meisten?
Ich mag die romantischen Heldinnen: Frauen, die im Laufe des Abends eine Entwicklung durchmachen, die durch etwas weiser werden. Partien wie Norina oder Ännchen haben mich nie fasziniert, weil ich da keine Entwicklung sehe. Ich mag Partien, wo man verschiedene Seiten zeigen kann: Liebe, Verzweiflung, Leid oder Freude. Wie bei Mimì, Lucia, Violetta, Alcina oder auch bei Adina in »Der Liebestrank«. Ihre letzte Arie ist ein atemberaubender Moment: Sie lässt ihre Zickigkeit hinter sich und macht einen Schritt nach vorne, weil sie versteht, dass das, was sie tut, viel wichtiger ist als das, was sie sich vorgenommen hat.

Sie sind im Sommer Mutter geworden. Wie hat sich Ihr Leben nach der Geburt Ihrer Tochter verändert?
Total! Das Leben vorher und nachher ist so unterschiedlich. Ich kann das nur so beschreiben, als wenn man von heute auf morgen eine neue Sprache sprechen müsste. Alles ist anders: dein Körper, dein Klang, dein Denken, deine Lebensumstände, alles. Man lebt viel vorsichtiger als vorher. Man überlegt z. B. dreimal, bevor man bei rot über die Straße läuft. Und ein Gleichgewicht zwischen Mutter- und Künstlerdasein zu finden, ist schwierig. Das findet man erst nach einer Weile.

Wie stellen Sie sich im Idealfall den weiteren Verlauf Ihrer Karriere vor?
Gute Frage. Ich habe mir eigentlich keine genauen Vorstellungen gemacht. Wenn ich mir etwas vorstelle, kommt es in der Regel sowieso anders. Ich nehme das Leben, wie es ist. Das ist wie mit dem Einspringen: Ich versuche bereit zu sein für das, was kommt, offen zu sein für Möglichkeiten, die sich plötzlich anbieten. Das ist mein Weg.

Dreist, charmant und absolut überzeugend

Bariton Jan Buchwald als Hinz & Künztler und Prinz Jodelet
Von Birgit Müller (Chefredakteurin von Hinz & Kunzt)

Alles mucksmäuschenstill. Gleich muss er kommen: Bariton Jan Buchwald als der lächerliche Prinz Jodelet. Das heißt: Erst ist er ein armer Wandergesell und Hinz-&-Kunzt-Verkäufer, erst später wird er irrtümlich für einen Prinzen gehalten. Wir sitzen gespannt im Publikum, schließlich kommt es nicht alle Tage vor, dass Hinz & Kunzt auf die Bühne und dann noch auf die der Hamburgischen Staatsoper kommt. Wir haben raunen hören, dass der arme Gesell zum Auftakt ein paar Magazine unters Volk bringen soll. Unser Fotograf Mauricio Bustamante sitzt schon da mit gezückter Kamera, um bloß den Einsatz nicht zu verpassen.

Und dann kommt Jodelet: im dicken Pulli, einen Hut auf dem Kopf, eine Hinz-&-Kunzt-Tasche umgeschnallt. So frisch-fröhlich-dreist-charmant bietet er seine Zeitungen an, dass ich völlig perplex mein Portemonnaie aufreiße und ihm ein Zwei-Euro-Stück in die Hand drücke. »Stimmt so«, murmle ich verlegen – und unser Fotograf ist so erstaunt, dass er fast vergisst, auf den Auslöser zu drücken. Was war das? Für einen Moment hatte ich vollkommen vergessen, dass wir hier in der Staatsoper sitzen und dass dieser Hinz-&-Kunzt-Verkäufer ein Opernsänger ist. Aber – und das blieb auch während des gesamten Stückes so – der kräftige Rheinländer sang nicht nur den Wandergesellen, sondern verkörperte ihn auch. Mitten in einer Barockoper stand und lebte da ein Mensch, der aus unseren Reihen stammen könnte: einer, der schlechte Karten hat im Leben, ein Gestrandeter, einer, der Probleme hat, sich anzupassen, der sich nicht alles sagen lässt, der im Herzen gut ist, aber nicht ganz unschuldig von einem Schlamassel in den anderen gerät. Und natürlich hegt jeder, der noch einen Funken Hoffnung in sich trägt, den Wunsch, eines Tages doch noch groß rauszukommen – so wie Jodelet.

Für die Rolle habe er kein Vorbild gehabt, sagt Jan Buchwald später im Gespräch. Das habe er so »aus sich heraus« entwickelt. Dass Buchwald diese Freiheit hatte, läge auch an der Inszenierung von Uwe Eric Laufenberg. »Die Welten waren genial abgestimmt: Ich singe deutsch, die anderen italienisch; hier das Schanzenviertel mit der Roten Flora, dort Schickimicki und Penthouse.« Buchwald lebt übrigens selbst im Schanzenviertel. »Ich könnte nicht in einem Viertel leben, in dem es nicht bunt ist«, sagt der 30-Jährige. »Ich bin selbst ein barocker Mensch.«

Der Jodelet war vielleicht nicht gerade der Publikumsrenner der Saison, aber Jan Buchwald und Hinz & Kunzt hat er Glück gebracht. Hinz & Kunzt deshalb, weil wir vielleicht auch einem ganz anderen Publikum näher gebracht wurden und weil der Bariton und sein Kollege Christoph Genz zu unseren Gunsten Kostüme versteigerten. War natürlich auch wieder ein Mordsspaß! Und für Jan Buchwald, weil er gewissermaßen mit Jodelet den Durchbruch geschafft hat. »Wildfremde Menschen sprechen mich jetzt an«, sagte er. »Für mich war es der Abschied von der Anonymität.«

Jan Buchwald in »Der lächerliche Prinz Jodelet« mit Jörn Schümann

Ausbildung selbst in die Hand nehmen

Die Anfangsjahre mit dem Internationalen Opernstudio der Hamburgischen Staatsoper
Von Dr. Wulf Konold (1988–1996 Chefdramaturg der Hamburgischen Staatsoper,
1994–1996 Künstlerischer Leiter des Internationalen Opernstudios)

v. l. n. r.: Dagmar Hesse, Rupert Dussmann (Repetitor), Sabine Sommerfeld, Gritt Gnauck, Jendrik Springer (Repetitor), Christoph Johannes Wendel, Kurt Gysen, Zhao Deng Feng

Ich erinnere mich noch ganz genau – über mehrere Spielzeiten hinweg haben damals Gerd Albrecht, Peter Ruzicka und ich versucht, die notwendigen finanziellen Mittel aufzutreiben, um ein Opernstudio an der Hamburgischen Staatsoper einzurichten – in dem Bewusstsein, dass weiterhin zwischen der deutschen Hochschulausbildung und den Anforderungen eines internationalen Opernhauses eine Qualifikationslücke klafft und dass es somit zu den Aufgaben eines großen Hauses gehört, selbst ein Stück praxisbezogene Ausbildung in die Hand zu nehmen.

Als es dann gelang, die Körber-Stiftung davon zu überzeugen, dass hier ein besonders geeignetes Feld privaten Mäzenatentums liegen könnte, ging es ganz schnell – vielleicht sogar etwas zu schnell, wenn man an die organisatorischen Schwierigkeiten denkt, mit denen der erste Jahrgang des Opernstudios in der Spielzeit 1994/95 zu kämpfen hatte – und ich, der neben den Aufgaben als Chefdramaturg auch die künstlerische Leitung dieses ›Ameisenhaufens‹ übernahm. Da war ganz am Anfang das Vorsingen: mehr als zweihundert Bewerbungen aus aller Welt, und einige Tage, an denen man sich durch die mitgeschickten Kassetten hindurchgehört und eine Vorauswahl getroffen hatte. Dann zwei Tage mit knapp 130 jungen Sängerinnen und Sängern, die zum Vorsingen kamen, voller Hoffnungen, von denen sich viele nicht einlösen ließen – schließlich standen nur sechs freie Stellen zur Verfügung. Zwei Soprane, ein Mezzosopran/Alt, ein Tenor, ein Bariton, ein Bass – auf diese Besetzung hatten wir uns zusammen mit den beiden hauptamtlichen Dozenten, dem Sänger und Gesangspädagogen Hermann Winkler und dem Studienleiter Richard Trimborn geeinigt. Die Auswahl war schwer, vor allem bei den Sopranen: Hier hätten wir gut und gern auch sechs junge hoch qualifizierte Sängerinnen finden können – aber was soll man mit sechs Sopranen anfangen? Schon so war es nicht einfach, neben dem intensiven gesangstechnischen Unterricht und dem Partienstudium bei Richard Trimborn reizvolle kleine Aufgaben im Spielbetrieb der Staatsoper zu finden und Stücke, die das junge Ensemble selbstständig erarbeiten konnte. Die Stipendiaten der ersten Jahre waren schließlich: Cornelia Zach (die relativ schnell ins feste Engagement nach Kiel wechselte) und Sabine Sommerfeld, Dagmar Hesse, Gritt Gnauck, Zdena Furmančoková und Elena Zhidkova, Jürgen Fersch, dem später Zhao Deng Feng folgte, Christoph Johannes Wendel, Jonathan Barreto-Ramos und nach ihm Kurt Gysen. Vieles war neu zu organisieren: Arbeits- und Aufenthaltsräume – da die aus allen Nähten platzende Staatsoper keinen Raum hatte, wurde eine kleine Büroetage in der Kleinen Theaterstraße angemietet. Man brauchte zusätzliches Lehrpersonal für den szenischen Unterricht – neben den Spielleitern des Hauses kamen erfahrene Regisseure für intensive Workshops – und schließlich ging es ja auch darum, dass sich das Opernstudio mit eigenen Produktionen in der Opera stabile präsentierte.

v. o. n. u.: »Albert Herring« mit Kurt Gysen, Gritt Gnauck, Jacek Pazola, Zdena Furmančoková, Heiko Trinsinger, Dagmar Hesse;
»La Cenerentola« mit Gritt Gnauck, Christoph Johannes Wendel, Zdena Furmančoková;
»Xerxes« mit Elena Zhidkova, Christoph Johannes Wendel

Den Anfang machte eine Produktion von Rossinis »La Cenerentola« – das Opernstudio-Ensemble wurde ergänzt durch den erfahrenen Romano Franceschetto als Don Magnifico, Gabriel Feltz, damals Stipendiat des Fricsay-Wettbewerbs, dirigierte ein Kammerorchester aus Hamburger Hochschulstudenten, Paul Flieder inszenierte – Premiere war am 23. April 1995. Am 14. Januar 1996 folgte die nächste Produktion: Brittens »Albert Herring«, aus Platzgründen verlegt in die Hamburger Kammerspiele an der Hartungstraße, dirigiert von Klaus Sallmann und inszeniert vom jungen Sven Müller. Besondere Aufmerksamkeit zog die nächste Inszenierung auf sich: Händels »Xerxes« am 23. Mai 1996, wieder in der Opera stabile, mit Markus Henn als Dirigent und Gert Pfafferodt als Regisseur – ein Händel als Zirkusattraktion, mit einer sehr lebendigen Boa constrictor, von der sich Gritt Gnauck, die die Amastris sang, kaum noch trennen wollte. Ich erinnere mich an brütend heiße Vorstellungen kurz vor Spielzeitschluss – da dürfte sich wohl nur die Schlange noch wohl gefühlt haben. Die dritte Opernstudio-Spielzeit (und die letzte, die ich noch organisiert und verantwortet habe) begann am 14. September 1996 – Jasmin Solfaghari inszenierte Poulencs »Menschliche Stimme« mit Gritt Gnauck – und am 9. Dezember 1996 kam die Uraufführung von Hanna Kulentys »The Mother of Black-Winged Dreams« heraus – in Koproduktion mit der Biennale für Neues Musiktheater in München, dirigiert von Paul Weigold und mit dem jungen Claus Guth als Regisseur – das Opernstudio war nicht nur Sprungbrett für Gesangstalente, sondern auch für junge Regisseure. Und das beste Zeugnis, das ich dieser Institution ausstellen kann, besteht schließlich in der praktischen Nachahmung – seit eineinhalb Jahren gibt es auch am Staatstheater Nürnberg, das ich seit 1996 als Generalintendant leite, ein Internationales Opernstudio. Das größte Problem ist es wohl auch weiterhin, das notwendige Geld aufzutreiben – für eine praxisbezogene Ausbildung, die kein noch so gut organisierter Hochschulbetrieb ersetzen kann.

»RITORNA VINCITOR...«

Seine Rückkehr glich einem Siegeszug: Im Dezember 2004 gastierte Martin Homrich als Tamino in Mozarts »Zauberflöte« an der Dammtorstraße. Nach Beendigung des Opernstudios plus zwei Jahren im Hamburger Ensemble hatte er an die Dresdner Semperoper gewechselt, wo er vor allem in den großen Mozartpartien reüssierte. Bettina Kok sprach mit dem Künstler.

Sie entstammen nicht direkt einer Familie, in der Musik als Beruf vorgesehen war. Wie sind Sie auf die Idee gekommen, Sänger werden zu wollen, und wie konnten Sie diesen Plan in die Wirklichkeit umsetzen?
Die Idee, Opernsänger zu werden, hatte ich eigentlich schon immer; ich weiß gar nicht mehr, wann ich darauf gekommen bin. Als ich zwölf war, habe ich, glaube ich, jeden damit genervt, dass ich unbedingt Sänger werden möchte. Dann habe ich in der Oberstufe einfach mal meinem Musiklehrer vorgesungen, und der hat mich dann zu einer Gesangslehrerin an der Städtischen Musikschule geschickt.

Hat Ihre Familie das so ohne Weiteres akzeptiert?
Ja, ich wohnte zu der Zeit bei meinen Großeltern, und meine Großmutter hat mich sehr unterstützt und den Unterricht bezahlt.
Meine erste Lehrerin hat mich dann später an Kurt Moll vermittelt, und ich habe ihm ungefähr ein Jahr vor dem Abitur vorgesungen und ihn gefragt, ob er mich als Studenten nehmen würde. Ich bin dann während meines letzten Schuljahrs ab und zu nach Köln gefahren, um beim Unterricht zuzuhören, und habe nach dem Abitur die Aufnahmeprüfung gemacht und bin genommen worden.

Wie alt waren Sie, als Sie für das Internationale Opernstudio vorgesungen haben?
Ich war gerade 23 geworden.

Sie haben damals am letzten Tag, an dem Vorsingen für das Opernstudio ab 1997/98 stattfanden, vorgesungen, und eigentlich hatte sich die Jury damals schon für einen anderen, etwas erfahreneren Tenor entschieden. Wie kam es, dass man Ihnen trotzdem einen Platz im Studio anbieten konnte?
Das kam, weil Dörte Rüter, die Chefdisponentin der Staatsoper, es geschafft hat, zwei Menschen zu finden, die mich für förderungswürdig hielten, und die haben

Martin Homrich in »Die lustige Witwe« mit Katja Pieweck
und Danielle Halbwachs (links),
unten: als Don Ottavio an der Semperoper Dresden

dann mein Stipendium gesponsert. So bin ich als zusätzlicher Stipendiat ins Studio gekommen.

Sie haben dann, Ihrer Jugend und Unerfahrenheit zum Trotz, schnell viel zu tun bekommen. Was waren Ihre wichtigsten Erfahrungen im Opernstudio?
Das Wichtigste war natürlich, auf der Bühne zu stehen. Sich an die Situation gewöhnen zu können, vor 1600 Leuten zu stehen und auch noch den Mund aufzumachen – auch wenn es kleine Partien sind. Zu zeigen, dass man Stimme hat, das war die wichtigste Erfahrung. Ich fand es natürlich auch toll, mit bekannten und großartigen Sängern auf der Bühne zu stehen.

Sie waren im Anschluss an Ihre Zeit im Opernstudio noch für zwei Spielzeiten im Ensemble der Hamburgischen Staatsoper und haben dann ein Angebot der Semperoper in Dresden angenommen, wo Sie seit 2001 engagiert sind. Wie kam es zu dieser Entscheidung?
Ganz einfach. Ich habe aus Dresden das bessere Angebot bekommen: bessere Partien, und auch sonst war der Vertrag in jeder Beziehung besser.

Ist Ihnen das Weggehen aus Hamburg schwer gefallen?
Damals war mir das nicht wirklich bewusst. Das Opernstudio war ein sehr wichtiger Abschnitt meines Lebens, weil tolle Leute im Studio waren und wir sehr viel als Gruppe zusammen gemacht haben. Das hinter sich zu lassen – die Entfernung zwischen Dresden und Hamburg ist ja ziemlich groß –, das war natürlich schwer, aber ich habe mich sehr gefreut, weil das Angebot aus Dresden eben auch beinhaltete, dass ich sofort den Tamino singen durfte und auch den Don Ottavio. Aber es ist auch wahnsinnig wichtig, wieder nach Hamburg zu kommen.

Da sind wir auch schon bei dem wichtigen Punkt Ihrer »triumphalen Heimkehr« angekommen …
Ritorna vincitor … (singt)

Die letzte Partie, die Sie, schon als Gast übrigens, in Hamburg gesungen haben, war der 1. Geharnischte in »Die Zauberflöte«. In dieser Spielzeit kehren Sie nun zurück und singen den Tamino in derselben Produktion. Was ist das für ein Gefühl?
Es ist unheimlich schön und ein bisschen wie nach Hause zu kommen, zu Sängerkollegen und den vielen

Mitarbeitern, die hinter den Kulissen arbeiten und mit denen ich damals so viel Spaß hatte. Ich habe den Tamino schon oft und in verschiedenen Produktionen gesungen, und ich freue mich sehr, dass ich ihn jetzt auch in Hamburg singen darf. Es ist natürlich eine ganz besondere Situation, nach Hamburg zurückzukommen. Ich weiß, dass es da sehr große Erwartungen gibt und dass ich die auch enttäuschen kann, weniger weil ich dem künstlerischen Niveau nicht gewachsen wäre, sondern weil ich in einer so besonderen Situation nervös werden könnte. Aber die Freude überwiegt!

In Dresden haben Sie sich in relativ kurzer Zeit eine große Anzahl wichtiger Partien ersungen, nicht nur im rein lyrischen Tenorfach, und obwohl Sie noch immer recht jung sind, bekommen Sie schon Angebote, die klar ins größere deutsche Fach zielen. Wie stellen Sie sich die Entwicklung Ihrer Karriere in den nächsten Jahren vor?

Ich freue mich sehr, dass man mir auch schwerere Partien zutraut, ich bin da aber auch vorsichtig. Die Partien, die da zur Debatte stehen, sind z. B. Erik oder Max, die ich auch sehr gerne singen möchte. Aber es ist ebenso wichtig, dass man sich sein Mozart-Repertoire erhält, einfach zur Pflege der Stimme, die ja nicht abstumpfen und eintönig werden soll.

In dieser Spielzeit haben Sie in kurzer Folge in drei großen Fachpartien debütiert: Tom Rakewell in »The Rake's Progress«, Hans in der »Verkauften Braut« und zwischendurch noch Ferrando in »Così fan tutte«. Ist das eine Mischung, die für Sie gut funktioniert?

Stimmlich verträgt sich das eigentlich ganz gut, wenn man zwischendurch genügend Zeit hat. Tom Rakewell kann ich auch überwiegend lyrisch singen. Es ist eine tolle Partie und eine echte Herausforderung, die zu meistern wirklich ein gutes Gefühl gibt.

Wenn Sie noch mal 22 wären und sich entscheiden müssten, wie Sie Ihren langjährigen Berufswunsch, Sänger zu werden, verwirklichen können, würden Sie wieder ins Internationale Opernstudio wollen?

Ja, sofort, allein schon wegen unserer Opernstudio-Produktion der »Lustigen Witwe«, einer Kultproduktion, die wir in unserer Studiozeit wegen des großen Erfolges insgesamt 18 Mal gespielt haben!

Martin Homrich in »Der arme Matrose« mit Tobias Schabel (oben) und als Don Ottavio an der Dresdner Semperoper (unten); rechte Seite: Wilhelm Schwinghammer in »Gloria von Jaxtberg«

Ich führe ein ganz normales Leben

Ein Tag im Leben der Stipendiatin Ingrid Frøseth
Von Marcus Stäbler

Sie hat so einiges auf dem Zettel. Und zwar im wahrsten Sinne des Wortes: Wie alle Kollegen, die fest im Ensemble oder im Opernstudio sind, holt sich Ingrid Frøseth immer gegen 14.00 Uhr ein DIN-A4-Blatt ab, auf dem ihre Termine für den nächsten Tag notiert sind. Der Plan für Donnerstag, den 25. November 2004, sagt zum Beispiel unter der Rubrik »Probebühne 1« fett 17.00 Uhr Zauberflöte. Und dahinter »Dekoration, Möbel. Probenkostüme mit orig. Teilen. Schmitz, Buchwald, Stricker, Pohl, Frøseth.« Soll heißen: Heute wird Mozarts »Zauberflöte« geprobt. Mit Requisiten und allem Drum und Dran, damit das Geschehen in Achim Freyers legendärer Inszenierung von 1982 auch nach der Umbesetzung in Schuss bleibt.

Treffpunkt also vor dem Eingang zum neuen Betriebsgebäude der Staatsoper in der Kleinen Theaterstraße um zehn vor fünf, in eisiger Hamburger Novemberluft. Obwohl Ingrids Deutsch absolut fehlerfrei ist (»Es ist wirklich sehr kalt geworden in den letzten Tagen«), weist sie der reizende Singsang ihrer Sprechmelodie unverkennbar als Schwedin aus. Nur für eine Sängerin würde man sie in ihrer Alltagskluft – mit Jeans, schwarzem Pulli und Turnschuhen – zunächst nicht halten. Eher für die nette Anglistikstudentin von nebenan.

Aber das Outfit ändert sich ja gleich. In der Probebühne angekommen, schlüpft sie in Freyers schrilles Papagena-Kostüm, mit extradicken Stoffpobacken, bröckelzahniger Hexenmaske und Karottennase. Das sieht schon eher nach Oper aus.

Zuerst werden allerdings Tamino alias Martin Homrich und Sprecher Jan Buchwald verarztet – zwei Absolventen des Opernstudios, die anschließend ins Ensemble übernommen wurden. Während ihre Kollegen einige Passagen mehrfach wiederholen müssen, wird's Ingrid langsam ein bisschen warm unter der Maske: »Das ist echt ganz schön heiß hier«, meint sie und wischt zur Bestätigung den Schweiß von der Stirn. Es dauert noch, bis sie dran ist. Für solche Fälle hat sie ihr Strickzeug dabei. »Das wird ein Schal. Ob für mich oder als Weihnachtsgeschenk, weiß ich noch nicht genau.«

Nach dreißig Minuten ist Schluss mit Handarbeit. Jetzt kommt endlich ihre Szene, der 15. Auftritt im zweiten Aufzug. Papageno-Darsteller Christoph Pohl – auch er ein aktuelles Opernstudio-Mitglied – sitzt am vorderen Rand der schräg geneigten Bühne. Weit vornübergebeugt, mit einem knorpeligen Stock bewaffnet, hockt sich Papagena neben ihren Liebsten, der von seinem Glück noch nichts weiß, und stößt ihren Text feucht aspirierend zwischen den Zähnen hervor: »Achtzehn Jahre und zwei Minuten« sei sie alt, lispelt das hutzlige Weibchen. Wirklich sehr hübsch. Noch besser wird's im 23. Auftritt, als sie und Pa-pa-pa-geno einen kleinen Ententanz hinlegen: Ingrids komisches Talent bringt selbst die erfahrenen Kollegen zum Lachen.

Auch der ansonsten recht penible Spielleiter Wolfgang Bücker hat nichts auszusetzen: Die Papagena ist Ingrid eben schon in Fleisch und Blut übergegangen. Kein Wunder, schließlich war das ihre erste Rolle, als sie zur Spielzeit 2003/04 ins Opernstudio aufgenommen wurde: »Das war natürlich eine klasse Sache, gleich mit so einem schönen Stück anzufangen!«

Außer Papagena hat sie unter anderem schon Frasquita

in »Carmen«, Kate Pinkerton in »Madame Butterfly«, die Barbarina (»Le Nozze di Figaro«) und Blonde aus Mozarts »Die Entführung aus dem Serail« gesungen. Das bisher Komplizierteste war die Titelpartie in der buchstäblich saukomischen Produktion von HK Grubers »Gloria von Jaxtberg«, die im bayerischen Schweinemilieu spielt: »Das ist rhythmisch wirklich wahnsinnig schwierig, dagegen ist Schönberg fast wie ein Kinderlied.«

Insgesamt bestreitet sie, wie ihre Kolleginnen und Kollegen, rund sechzig Vorstellungen pro Saison. »Deswegen wollte ich auch nach meinem Studium in Kopenhagen so gerne ans Hamburger Opernstudio, weil ich wusste, dass man hier gleich richtig eingesetzt wird und sehr viel Erfahrung auf der Bühne sammeln kann.« Neben der professionellen Probenarbeit sind auch die anderen Angebote für die Mitglieder des Opernstudios sehr praxisbezogen angelegt: Am Freitag hat Ingrid eine Italienisch-Stunde auf dem Plan (»Italienisch ist für uns Schweden nicht so schwer, weil wir ähnliche Vokalfarben haben!«), in der sie an ihren aktuellen Partien arbeitet; einen Tag später steht eine Korrepetitionsstunde für die konzertante Aufführung der »Frau ohne Schatten« im Januar 2005 an, in der sie »des Falken Stimme«, eine Dienerin und eine Kinderstimme singen wird. Das Ganze spielt sich meist zwischen 10.00 und 13.00 bzw. 17.00 und 20.00 Uhr ab, dazwischen ist Mittagspause.

Manchmal gibt es beim Opernstudio auch Fortbildungsmöglichkeiten abseits des laufenden Spielplanbedarfs. Zum Beispiel Meisterkurse wie den von Anna Tomowa-Sintow, die zu Karajans Zeiten zu den gefragtesten Sopranistinnen gehörte: »Das war wirklich ganz toll, da konnte ich selbst auswählen, welche Sachen ich mit ihr arbeiten möchte, und hatte die Gelegenheit, mein Repertoire zu erweitern. Ich liebe zum Beispiel sehr die Musik des italienischen Belcanto; Donizetti und Bellini würde ich gerne viel mehr singen, das wird nur leider in Deutschland eher wenig gemacht.«

Die Begeisterung, mit der die sympathische und angenehm unprätentiöse Stockholmerin von ihrem Beruf spricht, zeigt ganz deutlich: Hier hat jemand seinen Traumberuf gefunden. Tatsächlich war ihr schon ziemlich früh klar, dass sie später einmal Sängerin werden will: Schon auf der berühmten Adolf-Fredriks-Musikschule ihrer Heimatstadt sang sie regelmäßig im Chor und hatte bereits ihren ersten Auftritt auf der Opernbühne, als Bauernmädchen im »Figaro«. Während der anschließenden Zeit auf dem Musikgymnasium hat sie sogar täglich Chorproben gehabt, wovon sie heute profitiert: »Ich denke, dass mir die viele Chorarbeit sehr geholfen hat: Man muss sich ja auch als Solist später immer wieder in ein Ensemble einfügen und auf andere hören – dafür ist das eine sehr gute Vorbereitung.«

Singen bedeutet ihr viel – sehr viel sogar –, aber natürlich nicht alles im Leben. »Ansonsten führe ich ein ganz normales Leben, wie jeder andere Mensch auch. Ich gehe zum Beispiel gerne ins Kino oder genieße die schöne Stadt, in der ich wohne!« Hamburg hat's ihr angetan. Aber nicht nur wegen der vielen Grünflächen an Alster und Elbe, sondern auch wegen der Menschen: »Anders als in Kopenhagen, wo ein sehr internationales Klima herrscht, finde ich, dass die Hamburger den Schweden ein bisschen ähnlich sind. Diese eher zurückhaltende Mentalität, dieser zunächst leicht reservierte, aber sehr freundliche Umgang, der ist mir sympathisch.« Auch am Arbeitsplatz, so Frøseth, herrscht ein äußerst angenehmes Klima: »Als ich damals am Anfang die Papagena neu gemacht habe, hat mir Hellen Kwon sehr geholfen, die die Königin der Nacht gesungen hat. Man kann hier viel von den erfahrenen Kollegen lernen.«

Trotzdem ist es natürlich schön, wenn sie einen freien Tag hat. Dann sitzt sie gern bei einem späten Frühstück in der Küche ihrer hübschen (und sehr hamburgisch gelegenen) Wohnung im »Opernghetto«, wie sie scherzhaft sagt: Zwischen Michel und Großneumarkt besitzt die Alfred-Toepfer-Stiftung eine Reihe von Wohnungen, die sie an Sänger des Hauses vermietet. Deswegen kann Ingrid ihrem Opernstudio-Landsmann Jonas Olofsson vom Küchenfenster aus zuwinken, Sopranenkollegin Julia Sukmanova wohnt im Haus nebenan.

Sonntagabend hat sie wieder Dienst, Schönbergs »Moses und Aron« steht auf dem Plan. Eingesungen hat sie sich sowieso schon, wie jeden Morgen. Um 18.30 Uhr schwingt sie sich auf ihr Rad: Eine Dreiviertelstunde vor Vorstellungsbeginn ist noch ein kurzes Treffen mit den sechs Solostimmen, im engen Probenraum »Herren solo«. Gemeinsam mit Ingo Metzmachers Assistent Boris Schäfer wird hier noch einmal der Anfang – die Stimmen aus dem Dornbusch – aufgefrischt: »Ohhh, lege deine Schuhe nieder, Du bist weit genug gegangen«, ein komplex verwobener, zwölftöniger Ensemblesatz, der es in sich hat. Aber es läuft gut.

Danach ab in die Garderobe. Herren auf der »Stadt-«, Damen auf der »Landseite« der Oper. Schafskostüme an. Und, nachdem die Inspizientin eingerufen hat, auf die Bühne. Die Szene läuft gut, wenn auch nicht ganz fehlerfrei: »Waren wir da zu früh, oder waren das die Frauen?«, fragt Bass Willhelm Schwinghammer beim Abgang. Egal. Danach sind's rund 15 Minuten bis zum nächsten Auftritt. In der Herrengarderobe wird über die Fußballergebnisse des vergangenen Wochenendes diskutiert. Der HSV kommt wieder! Einer der Darsteller hat das Spiel in Gladbach live gesehen. Dann das Ende vom ersten Akt.

In der Pause ist nicht ganz so viel Zeit. Raus aus den

linke Seite: Ingrid Frøseth beim Notenstudium in ihrer Wohnung
oben: unterwegs zur Probe in der Staatsoper

Schafskostümen und den schwarzen Klamotten, weg mit der grauen Schminke und rein ins Glitzerkleid für die Zwischenakt-Musik. Wie ihre beiden Kolleginnen bekommt auch Ingrid eine blonde Perücke aufgesetzt; in der Maske wird kräftig Lidschatten aufgelegt. Dann schnell runter auf die Bühne, wo Metzmacher die sechs fingerschnipsend für ihren letzten Auftritt warmgroovt: »Wo ist Moses? Wo ist der Führer?« Anschließend ist der musikalische Teil erledigt. Jetzt noch eine Stunde warten, bis zum Schlussapplaus. Aber Ingrid hat ja für solche Momente ihr Strickzeug dabei; der Schal nimmt Kontur an. Kurz nach zehn ist endlich Feierabend. Ein Tag im Opernstudio geht zu Ende.

Manche Sachen kann man nicht lernen

Aleksandra Kurzak war schon als Mitglied des Internationalen Opernstudios ab 2001 in vielen Hauptrollen zu erleben, nachdem sie kurzfristig als Gilda (»Rigoletto«) eingesprungen war. Inzwischen – seit der Spielzeit 2003/04 gehört sie zum Ensemble der Staatsoper – steht sie am Beginn einer internationalen Karriere mit Gastauftritten an der Metropolitan Opera New York, Lyric Opera Chicago und Royal Opera House Covent Garden London. Bettina Kok unterhielt sich mit der polnischen Sopranistin.

Aleksandra Kurzak in »Bählamms Fest« (linke Seite)
und in »L'Incoronazione di Poppea« mit Yvi Jänicke (unten)

Sie haben bereits während Ihres Studiums in den Opernhäusern von Breslau und Warschau wichtige Partien gesungen und zahlreiche Preise und Auszeichnungen bekommen. Sie waren in Polen fast schon eine prominente Persönlichkeit. Wie kommt es, dass Sie für das Hamburger Opernstudio aus Polen weggegangen sind und hier neu angefangen haben?
Ich habe 1998 beim Moniuszko-Wettbewerb in Warschau Frau Prof. Kremling von der Hamburger Musikhochschule kennen gelernt, die als Zuschauerin dort war. Sie hat mich gefragt, ob ich nicht Lust hätte, in Hamburg weiterzustudieren. Mir wurde ein Stipendium angeboten, und ich sollte eigentlich fest hier studieren, aber weil ich eine Vakanz an der Staatsoper Breslau bekommen habe, bin ich nur regelmäßig nach Hamburg geflogen, um Gesangsunterricht zu nehmen. Frau Kremling hat mir vom Opernstudio erzählt und meinte, dass das eine gute Möglichkeit für junge Sänger wäre, sich auf der Bühne zu erproben. Ich dachte mir, warum nicht? Ich wusste, dass es für junge Sänger ohne Namen sehr schwer ist, einen Job im Ausland zu bekommen. Es war trotzdem schwierig für mich, mehr aus persönlichen als aus beruflichen Gründen, weil ich in Polen meine ganze Familie habe. Ich bin Einzelkind, habe immer bei meinen Eltern gewohnt und war dazu noch frisch verheiratet ... Aber mein Mann hat mir gesagt: »Probier es aus, das musst du machen. Wenn du jetzt schon in Polen berühmt bist, dann passiert nichts, wenn du zwei Jahre lang weg bist. Wenn es dir nicht gefällt, dann kommst du zurück, aber das ist auf jeden Fall eine große Chance.« Er hat mich wirklich zwingen müssen, aber Gott sei Dank war es die richtige Entscheidung ... gut, dass ich auf ihn gehört habe. (lacht)

Ein stabiles Umfeld und Sicherheit im Privatleben sind für einen Sänger sicherlich wichtig?
Ja. Wenn man jung ist, glaubt man, es gibt nichts Wichtigeres als die Karriere, aber auch im privaten Leben muss man an die Zukunft denken.

Sie sind gleich am Anfang Ihrer Studiozeit als Gilda in »Rigoletto« eingesprungen.
Ja, ich habe die Partie gecovert und die Proben mitgemacht. Aber danach habe ich gar nicht mehr daran gedacht. Als abends um halb acht plötzlich angerufen wurde – ich war in den Proben für die »Zauberflöte« – und man mich fragte, traust du dich, morgen die Gilda zu singen, habe ich spontan Ja gesagt. Zu Hause habe ich meine Mutter angerufen, die vor Glück geschrien hat. Dann habe ich ein Beruhigungsbad genommen, und erst danach habe ich gedacht: Oh, Gott! Am Anfang war ich so glücklich, dass ich nicht wirklich nachgedacht habe, aber dann kam plötzlich die Angst: Meine Güte, was wird das denn? (lacht)

Danach kamen im zweiten Jahr als geplante Rollen die Blonde und Adele, schwere Partien mit gesprochenen Dialogen. Wie lernt man als Sängerin, deren Mut-

tersprache nicht Deutsch ist, diese Sachen so, dass es das Publikum nachher überzeugt?

Man muss alles übersetzen, nicht nur sinngemäß, sondern wirklich Wort für Wort. Und vor allem die Aussprache ... Wenn ich auf der Bühne spreche, ist es ja ganz anders als im Privatleben. Es gab eine sehr lustige Geschichte: Mein Mann war in der »Fledermaus«-Vorstellung und hat begeistert geklatscht und eine Frau, die neben ihm saß, fragte, ob ich eine Bekannte von ihm sei. Als er Ja gesagt hat, sagte sie: »Sie ist Österreicherin, nicht wahr? Ich habe den Akzent erkannt.« Das habe ich als ein Kompliment empfunden.

Inzwischen haben Sie sowohl in Hamburg als auch an anderen Opernhäusern so viel Interesse geweckt, dass man Ihnen mehr Angebote macht, als Sie annehmen können. Selbst die fleißigste Sängerin hat aber irgendwo Grenzen. Wie merken Sie, wenn es zu viel wird?

Das Problem ist nicht so sehr das, was man schon gesungen hat, denn das kann man auch wieder machen. Man braucht aber Zeit, um neue Rollen vorzubereiten. Ich habe in dieser Spielzeit mit den beiden Gastspielen (Olympia/»Hoffmann« an der Metropolitan Opera und Aspasia/»Mitridate« an der Royal Opera Covent Garden) insgesamt sieben neue Partien, das ist schon viel.

Prinzipiell fällt es Ihnen also nicht schwer, Nein zu sagen?

Wenn ich weiß, dass es wirklich zu viel ist und ich es nicht schaffe, dann sage ich einfach Nein. Ich hätte neulich in Bremen bei der Premiere als Blonde einspringen können – die Sängerin hatte sich den Fuß gebrochen –, aber ich habe Nein gesagt. Besser drei bis vier Sachen supergut machen als sechs bis sieben nur mittelmäßig.

Hat eine Sängerin Ihrer Generation noch die Chance, ihre Karriere so klug anzugehen?

Das hoffe ich. Ich muss klug sein, damit ich meine Stimme so lange wie möglich frisch halten kann, und nicht zu früh die Rollen singen, die noch nicht richtig für mich sind.

Wie ist es bei solchen Partien wie Susanna? Sie verbrauchen ganz viel Kraft, aber so wie es aussieht, erzeugen sie auch wieder Energie?

Ja, im zweiten Akt, wenn ich in den Schrank gehe und auf meinen Auftritt warte, denke ich in jeder Auffüh-

Aleksandra Kurzak in »Le Nozze di Figaro«
mit Jan Buchwald, Inga Kalna und Maite Beaumont;
unten: in »Fidelio« mit Christian Baumgärtel

rung: »War das nur die Hälfte der Vorstellung? Ich bin so müde.« Aber dann läuft es nach der Pause wieder gut. Ich liebe einfach die Bühne, ich liebe meinen Beruf, ich liebe das Singen. Ich denke nicht daran, ob ich müde bin oder nicht – na ja, zu Hause dann doch –, aber in dem Moment, wo ich auf der Bühne bin, da gibt es nichts Schöneres für mich.

Sie waren schon am Anfang sehr gut, aber Sie haben sich weiterentwickelt, auch schauspielerisch, und neue Seiten gezeigt.
Ich sehe es so: Man darf nicht denken »Ich schäme mich« oder »Wie soll ich das denn machen«, sondern man muss einfach etwas anbieten, und dann sagt der Regisseur, ob er das gut findet oder nicht. Ich versuche, die Rolle nicht zu spielen, sondern zu sein.

Haben Sie an der Hochschule Schauspielunterricht bekommen?
Eigentlich nicht. In Breslau habe ich Ballett gehabt und auch »Diktion«, wie das genannt wurde. Aber echten Schauspielunterricht habe ich nie gehabt. Ich bin im Theater aufgewachsen, ich war mit zwei oder drei Jahren zum ersten Mal in der Oper und habe es geliebt. Vielleicht hat dieses Zugucken auch geholfen. Aber man muss wohl auch eine Begabung dafür haben. Manche Sachen kann man nicht lernen, sondern man hat's oder auch nicht.

Ist es in Polen so, dass jeder, der die Chance bekommt, im Ausland bzw. im westlichen Ausland seine Karriere auszubauen, sie auch nutzt?
Jeder Sänger, egal welcher Nationalität, möchte weiterkommen und überall singen. Wenn Polen oder Russen Erfolg haben, sagt man: Die Osteuropäer sind so begabt. Sie sind genauso begabt wie andere Nationalitäten, es sind jedoch die Besten, die nicht zu Hause bleiben, sondern weiter wollen.

Welche Bedeutung hat das Opernstudio für Sie gehabt?
Es hat mir alles gegeben. Wenn ich hier nicht gesungen hätte, hätte ich meine jetzigen Engagements nicht bekommen; ich hätte meinen Agenten nicht kennen gelernt. Ich hätte nie gedacht, dass ich mein erstes Engagement in Hamburg bekommen würde oder dass meine ersten beiden Gastspiele Met und Covent Garden sein würden. Ich dachte, dies wäre ein Traum, der sich vielleicht in fünfzehn oder zwanzig Jahren erfüllt.

Aufreibendes Vergnügen

Arbeiten mit dem Internationalen Opernstudio der Hamburgischen Staatsoper an »Ein weltliches Bankett. Familienfest nach weltlichen Kantaten von J. S. Bach«
Von Elisabeth Stöppler

Zu Beginn der Spielzeit 2004/05 hatte ich das große Vergnügen, mit fünf Mitgliedern des Internationalen Opernstudios der Hamburgischen Staatsoper sowie einem Schauspieler Teile von Johann Sebastian Bachs weltlichen Kantaten zu inszenieren. Anlässlich des 79. Internationalen Bach-Festes in Hamburg und einer Idee von Intendant Louwrens Langevoort hatten die Dramaturgin Swantje Gostomzyk und ich aus einer Hand voll weltlicher Kantaten des barocken Meisters einzelne Nummern und Ensembles aus ihrem alten Zusammenhang gerissen, um sie zu einer neuen Geschichte zusammenzufügen. Insgeheim gaben wir der fertigen Fassung den Beinamen »Oper«, Bach-Oper. Premiere hatte »Ein weltliches Bankett. Familienfest nach weltlichen Kantaten von J. S. Bach« Mitte September 2004 auf Kampnagel.

Euphorisch

Die kleine Gruppe, die ich im Juni 2004 beim Konzeptionsgespräch kennen lernte, bestand aus unterschiedlichsten Persönlichkeiten unterschiedlicher Nationalität und wirket doch auf den ersten Blick geschlossen und miteinander vertraut. Vor allem in ihrer letzten Probenarbeit an HK Grubers Kammeroper »Gloria von Jaxtberg« waren die jungen Sänger am Ende des ersten Studio-Jahres zusammengewachsen. Augenblicklich waren sie jedoch vor allem eines: ungeheuer erschöpft am Ende der langen, arbeitsreichen Spielzeit. Meine euphorische Idee, unterstützt von Christoph Stöcker, Solorepetitor am Haus und musikalischem Leiter der Bach-Produktion, bereits in der allerletzten Woche vor der Spielzeitpause voll in den Probenprozess einzusteigen und durch die Fassung zu »crashen«, stieß mehr auf – wenn auch höflich geäußertes – Entsetzen denn auf

Tamara Gura, Ingrid Frøseth, Julia Sukmanova, Jonas Olofsson und Christoph Pohl in »Ein weltliches Bankett«

Begeisterung. Keiner sei musikalisch angemessen studiert, alle kröchen – wie man so schön sagt – auf dem Zahnfleisch! Wir begannen trotzdem mit den Proben, und am Ende besagter Woche war vor allem ich krank und alle anderen noch ein wenig urlaubsreifer – wenn auch »angestochen« vom dramatischen Potenzial der weltlichen Kantaten …

Flexibel und betriebsorientiert
Nach der Spielzeitpause waren Kraft und Lust zu arbeiten bei allen spürbar größer. Groß allerdings war auch das Programm der Sänger neben unserer Neuproduktion: Blumenmädchen und Gralsritter in Robert Wilsons »Parsifal«, Hauptrollen in »Jodelet«, Zigeuner in »Carmen«, Papagena in der »Zauberflöte«. Was jetzt begann, gestaltete sich für Sänger und Regieteam zum bestimmenden und nervenaufreibenden Hintergrund der Probenarbeit, beschäftigte die Köpfe und Gemüter bis in die Endproben hinein. Morgens »Parsifal«-Bühnen-Orchester-Probe, mittags Bach-Probe, abends »Carmen«-Vorstellung, so lautete der tägliche Probenplan. Ab jetzt hieß Arbeiten mit dem Internationalen Opernstudio: stets flexibel sein, zeitlich, gedanklich, nervlich. Fünf Wochen lang übten wir gemeinsam mit dem Betriebsbüro Hochleistungssport in Sachen Chaosbewältigung. Was wir uns mit dem »Bankett« vorgenommen hatten, verlangte nach Ruhe, nach Zeit zum Erfinden und Experimentieren, nach konzentrierter Ensemble-Arbeit. Und nicht nach dem Durchstellen von Szenen im Halbstunden-Rhythmus, wobei die Regieassistentin zwei abwesende Darsteller gleichzeitig ersetzen muss. Doch »Bankett«-Proben bedeuteten betriebsorientiert proben – und inszenieren. Wie bei einer Wiederaufnahme musste ich oft bereits im ersten Herangehen an eine Situation die Sänger in ein fertiges szenisches Gerüst stecken, in der Hoffnung, dass es funktionieren würde. Ich schätze an diesem Inszenierungsstil grundsätzlich die frühe Übersicht, die der Sänger-Darsteller von seiner Rolle bekommt, um sich dann darin »auszubreiten«.

Tim Severloh und Frédérique Friess in »Bählamms Fest«

Aber durch Zeitdruck zu dieser einzigen Arbeitsweise gezwungen zu sein, halte ich für keine sinnvolle und erfüllende Voraussetzung für gelingendes Theater. Dabei verkommt schöpferische und kreative Arbeit zur Dienstleistung, leidet die Qualität der szenischen Darstellung und der musikalischen Darbietung am Abend.

Arbeitsintensiv

Der Probenbeginn auf der unterirdischen Probebühne 3 im Opernneubau glich oft einem erschöpften Stranden der Sänger am langen Tisch des »Banketts«. Müde und gedankenvoll angesichts der sich überlagernden Aufgaben, so trudelten sie von den umliegenden Probebühnen ein, und die Regie war zunächst nur dazu da, jeden von seiner »Baustelle« abzuholen. Für mich grenzt es rückblickend an ein kleines Wunder, dass die Produktion unter diesen Umständen dennoch zusammenwuchs und die Freude an Bachs Musik und der sich daraus entwickelnden intensiven und fordernden Handlung in der allgemeinen Dispositions-Panik nicht unterging. Irgendwie schafften wir es doch, inmitten des Chaos konzentriert und intensiv zu arbeiten. Spannend zu erleben fand ich dabei, welche unterschiedlichen Facetten gerade die Internationalität der Sänger-Darsteller mit sich brachte, wie sehr ihre unterschiedlichen musikalischen wie auch darstellerischen Ansätze die Probenarbeit prägten. Um möglichst jedem Ansatz darstellerischer Routine und Unreflektiertheit entgegenzuwirken, sah ich meine Hauptaufgabe darin, an einer gedanklichen Frische und Unvoreingenommenheit in der Darstellung jedes einzelnen Sängers zu arbeiten und mit ihnen heutige, mit der eigenen Persönlichkeit verknüpfte Figuren jenseits aller Opernklischees zu entwickeln.

Lernintensiv

Was für mich die Arbeit mit dem Opernstudio einzigartig gemacht hat, war die schöne und einmalige Erfahrung, als Regisseurin jung zu sein unter jungen Sängern. Nicht einem gestandenen Sängerensemble gegenüberzustehen, sondern sich auf ein und derselben Stufe zu begegnen – nicht darüber, nicht darunter, sondern auf Augenhöhe. In dieser Produktion haben Sänger wie Regisseurin, Dramaturgin, Dirigent und Regieassistentin deshalb so viel voneinander gelernt, weil alle, etwa gleichermaßen am Beginn ihrer Entwicklung stehend, ähnliche Erfahrungen, Ansprüche und Unsicherheiten, ihre persönlichen Stärken und Schwächen in den Arbeitsprozess einbringen konnten. Gegenseitige Offenheit, die gemeinsame Lust am Zusammenspiel und Ausprobieren prägten die trotz des enormen Zeitdrucks immer inspirierte Atmosphäre der Proben.

Vergnügt und verbunden

Ich hatte also das große und aufreibende Vergnügen, mit den Sängern des Internationalen Opernstudios der Hamburgischen Staatsoper als Regisseurin zu arbeiten. Was ich gemeinsam mit ihnen erfahren habe, ist ebenso zwiespältig wie der Repertoirebetrieb: Auch unter den unmöglichsten zeitlichen Umständen kann etwas Inspiriertes und Einzigartiges entstehen. Niemand hat behauptet, dass Arbeit an der Oper, am Theater ein bloßes Vergnügen sei. Theaterarbeit setzt bei jedem Einzelnen eine Energie und Kraft voraus und frei, die körperliche und seelische Grenzen berührt, diese geradezu herausfordert. Theater ist offensichtlich immer Gratwanderung. In diesem Sinne möchte ich diesen Einblick in die Arbeit mit Ingrid Frøseth, Tamara Gura, Julia Sukmanova, Jonas Olofsson und Christoph Pohl sowie dem Schauspieler William Parton als echte Liebeserklärung an das junge und »vergängliche« Ensemble der Hamburgischen Staatsoper verstanden wissen – als Dank an ein Ensemble, in welches ich das Vergnügen und das Glück hatte, mich für kurze Zeit einreihen zu dürfen.

Das Fest im Meer

Hervorzuheben ist dabei wieder einmal die großartige Maite Beaumont als Ninon: Mit ihrem anrührenden Spiel, ihrem betörend warmen und nuancenreichen Mezzo bringt die Spanierin den durchweg gebannt lauschenden Zuschauern Ninons zwischen Glück und tiefstem Leid changierenden Charakter nahe.

HAMBURGER ABENDBLATT, 19. 6. 2003

Maite Beaumont in »Das Fest im Meer«

»EIN BEMERKENSWERT SCHÖNER MEZZO«

Die spanische Mezzosopranistin Maite Beaumont übernahm im Februar 2002 kurzfristig die Partie des Ruggiero in Händels »Alcina« an der Hamburgischen Staatsoper. In Windeseile wurde sie zu einem der Stars des Ensembles – wie die nachstehenden Presseausschnitte dokumentieren.

RUGGIERO IN »ALCINA« (PREMIERE AM 24. FEBRUAR 2002)

Diese Rolle [Ruggiero] war mit der jungen, noch dem Opernstudio angehörenden Maite Beaumont besetzt. Sie machte ihre Sache in jeder Hinsicht so gut, daß man sich fragen mochte, wozu sie überhaupt noch Studio-Schulung braucht. Ihre Stimme sitzt gut und klingt ebenmäßig, das Timbre ist warm und weich, die vertracktesten Koloraturen werden bravourös gemeistert, und verhaltene, lyrische Passagen gelingen ihr eindrucksvoll. Schließlich macht sie auch gute Figur auf der Bühne – also ein überaus gelungenes Debüt in ihrer ersten ganz großen Partie, und man kann nur gratulieren zu einem solchen Start.

ORPHEUS, 4/2002

Mindestens ebenbürtig [mit Véronique Gens] war Maite Beaumont als liebesverwirrter Ruggiero. Die einstige Schülerin von Hanna Schwarz überzeugte auf ganzer Linie mit einem kräftigen, weichen, herrlich beweglichen Mezzo und lieferte somit die eigentliche Sensation des Abends gleichsam aus der zweiten Reihe. Da wächst im hauseigenen Opernstudio ein neuer Star heran.

SALZBURGER NACHRICHTEN, 27. 2. 2002

Maite Beaumont war als Ruggiero-Einspringerin für die – nach der Absage Kozenás – ebenfalls abgereiste Anna Bonitatibus ein wahrer Glücksfall für Hamburg. Als Mitglied aus dem hiesigen Opernstudio wurde sie quasi zur Ehrenretterin der Intendanz, die mit einem – wenn auch aus der Not geborenen – Mut zum Risiko die richtige Entscheidung getroffen hatte. Die junge Sängerin begeistert weniger mit einem etwas spröden Timbre ihrer noch nicht voll dimensionierten Stimme; vielmehr ist es die stilistische Sicherheit, ja Souveränität, die sie weit aus dem gesamten Ensemble herausragen ließ. Ihr kamen zweifellos Erfahrungen zugute, die sie bei Aufführungen der »Alcina« an der Hamburger Hochschule in eben dieser Partie bereits hatte sammeln können; so blieben sogar noch Kapazitäten für ein freies und selbstbewusstes Agieren. Möge die Sängerin die Ruhe bewahren, ihre Stimme behutsam reifen zu lassen, und ähnliche oder gar größere Aufgaben mit bewusster Zurückhaltung angehen.

DAS OPERNGLAS, 4/2002

Fast noch beeindruckender [als Véronique Gens' »Alcina«] war Maite Beaumonts (Mitglied des Opernstudios!) Ruggiero: ein bemerkenswert schöner, technisch stilsicher und beredt geführter Mezzo.

FAZ, 26. 2. 2002

Maite Beaumont in »Alcina« mit Veronique Gens

Maite Beaumont und Moritz Gogg in »Das Fest im Meer«

Die schnell emporgeschossene Magdalena Kožená hatte den Ruggiero abgesagt. Dafür schlug in klassischer Backstage-Manier die Stunde des Opernstudio-Mitgliedes Maite Beaumont. Mit locker glockigem Mezzo sang sie die Rolle des von der Zauberin Alcina im Liebeswahn festgehaltenen Ritters als stilistisch stupende Charakterstudie.

DIE WELT, 26. 2. 2002

LIEDERABEND AM 7. DEZEMBER 2002

Beaumont, seit 2001 Mitglied des Internationalen Opernstudios, nutzte die Gelegenheit, ihr außergewöhnliches Talent zu demonstrieren. Sie verfügt nicht nur über einen betörend sinnlichen, bruchlos durch alle Lagen geführten Mezzo-Sound mit einem cremefarbenen Timbre, sondern beherrscht auch die hohe Liedkunst der gestalterischen Nuancen: Dass ihr Repertoire das expressiv-dichte Legato ebenso umfasst wie die komödiantische Überspitzung, zeigte sich vor allem in Liedern von Wolf und Hensel, während die Fauré-Stücke von ihrer hauchzarten Pianissimo-Kultur profitierten […]. In den »Seis Canciones Castallanas« des Spaniers Jesús Guridi kostete die charismatische Sängerin dann genüsslich die Gegensätze von feuriger Leidenschaft und wehmütiger Schlichtheit aus.

HAMBURGER ABENDBLATT, 9. 12. 2002

Beaumonts weicher und volltönender Sopran entfaltete sich bei den impressionistischen Klangfasern von Gabriel Fauré und Jesús Guridi zur wahren Farbpracht. Und wovon sie sang, das konnte man ihr ansehen: Trauer und Stolz. […] Dieser Liederabend war mehr als ein Ersatzprogramm für den eigentlich vorgesehenen Altus Jochen Kowalski: Es war ein Ereignis der Sonderklasse.

HAMBURGER MORGENPOST, 9. 12. 2002

OTTAVIA IN »L'INCORONAZIONE DI POPPEA«
(PREMIERE AM 16. FEBRUAR 2003)

Die fulminante Leistung von Maite Beaumont als gedemütigte und verstoßene Kaiserin Ottavia unterstrich nachhaltig die Bedeutung des Internationalen Opernstudios der Hamburgischen Staatsoper, das eben keine Eleven-Schule, sondern eine Einrichtung zur Förderung besonders begabter, bereits fertig ausgebildeter Sängerinnen und Sänger ist. Die junge Spanierin hat ihr glutvolles, üppig strömendes Material technisch so sicher in den Griff bekommen, dass sie es völlig ihrem spürbar starken und stilsicheren Gestaltungswillen unterwerfen kann. Schon ihr wunderschöner Auftritts-Monolog, in dem Ottavia klagend über die Situation der Frau in der Gesellschaft philosophiert, war eine vokale Glanzleistung, und das ungemein intensiv vorgetragene »Addio Roma«, mit dem sie im dritten Akt den gebrochenen Willen der einstmals mächtigen, selbstbewussten Kaiserin nachzeichnete, ging wohl jedem unter die Haut.

DAS OPERNGLAS, 4/2003

Die aus dem Nachwuchs-Studio der Hamburger Oper kommende Maite Beaumont bewies nach ihrem glänzenden Ruggiero (in Händels »Alcina«) als Ottavia erneut, dass sie eine gesangliche Hochbegabung ist: ein klangvoller, farbreicher, pathetischer Nuancen fähiger Mezzo. Das Auge des Ohrs entdeckt in ihrem Singen eine intensivere dramatische Aktion, als szenischer Aktionismus herstellen kann.

OPERNWELT, 4/2003

Sängerinnen und Sänger des Internationalen Opernstudios

Jonathan Barreto-Ramos, Bass
Opernstudiomitglied: 1994–1995

Partien an der Hamburgischen Staatsoper
▪ LAKAI Ariadne auf Naxos ▪ 2. GEHARNISCHTER Die Zauberflöte ▪ PFLEGER DES OREST Elektra ▪ EIN HEROLD Otello ▪ PINELLO Gianni Schicchi ▪ SCIARRONE Tosca ▪ 2. GEFANGENER Fidelio ▪ EINER VON DREI STUDENTEN Historia von D. Johann Fausten
Folgeengagement: Freischaffend

Der spanische Bass Jonathan Barreto-Ramos kehrte schon nach einer Spielzeit im Opernstudio in seine Heimat zurück, um freischaffend zu arbeiten. In Hamburg sang er unter anderem den Alidoro in der Opernstudio-Produktion von »La Cenerentola«.

Maite Beaumont, Mezzosopran
Opernstudiomitglied: 2001–2003

Partien an der Hamburgischen Staatsoper
▪ 1. HURE/4. JUNGE DAME/4. JUNGES MÄDCHEN/11. OPFER We Come to the River ▪ EIN HIRTE Tosca ▪ GRÄFIN VON CEPRANO Rigoletto ▪ PAGE DER HERZOGIN Rigoletto ▪ SANDMÄNNCHEN Hänsel und Gretel ▪ 2. DAME Die Zauberflöte ▪ FLORA La Traviata ▪ SMERALDINE Die Liebe zu den drei Orangen ▪ RUGGIERO Alcina ▪ GLASCHA Katja Kabanova ▪ MERCÉDÈS Carmen ▪ ZERLINA Don Giovanni ▪ OTTAVIA L'Incoronazione di Poppea ▪ INEZ Il Trovatore ▪ NINON Das Fest im Meer ▪ ROSINA Il Barbiere di Siviglia ▪ THIBAULT Don Carlos ▪ DESPINA Così fan tutte ▪ CHERUBINO Le Nozze di Figaro
Folgeengagement: Ensemblemitglied

Die spanische Mezzosopranistin Maite Beaumont studierte bei Ks. Hanna Schwarz an der Hochschule für Musik und Theater Hamburg, wo sie bereits in mehreren Opernproduktionen mitwirkte. Sie wurde bei zahlreichen internationalen Wettbewerben ausgezeichnet und erhielt in Hamburg den Mozart-Preis 2000 und den Dr. Wilhelm Oberdörffer-Preis. In »Bählamms Fest« sang sie die Partie der Violet. Mit Beginn der Spielzeit 2003/04 wurde Maite Beaumont ins Ensemble der Hamburgischen Staatsoper übernommen. 2004/05 singt sie u. a. die Partie des Sesto in der Premiere von »Giulio Cesare in Egitto«. Zukünftige Projekte beinhalten – neben einer Einladung zu den Salzburger Festspielen – Sesto an der Lyric Opera of Chicago, Idamante (Idomeneo) am Liceu Barcelona sowie Cherubino (Le Nozze di Figaro) und Dorabella (Così fan tutte) an der Nederlandse Opera. 2003 erschien eine CD mit Händel-Arien unter der Leitung von Alan Curtis, 2004 ein Solo-Album mit Barockarien in Begleitung der LauttenCompagney.

Jan Buchwald, Bariton
Opernstudiomitglied: 2000–2002

Partien an der Hamburgischen Staatsoper
▪ MARULLO Rigoletto ▪ MITJUCHA Boris Godunow ▪ 2. NAZARENER Salome ▪ DANCAÏRO Carmen ▪ SCIARRONE Tosca ▪ FIORILLO Il Barbiere di Siviglia ▪ 3. EDLER Lohengrin ▪ 4. SOLDAT/7. WAHNSINNIGER We Come to the River ▪ CHRISTIANO Un Ballo in Maschera ▪ KAISERLICHER KOMMISSAR Madame Butterfly ▪ KILIAN Der Freischütz ▪ PANTALONE/HEROLD/ZEREMONIENMEISTER Die Liebe zu den drei Orangen ▪ SCHAUNARD La Bohème ▪ SCHTSCHELKALOW Boris Godunow ▪ KONRAD NACHTIGALL Die Meistersinger von Nürnberg ▪ PETER Hänsel und Gretel ▪ MASETTO Don Giovanni ▪ KERKERMEISTER Dialogues des Carmélites ▪ LEFORT Zar und Zimmermann ▪ YAMADORI Madame Butterfly ▪ KULIGIN Katja Kabanowa ▪ HEERRUFER Lohengrin ▪ TIERBÄNDIGER Lulu ▪ JODELET Der lächerliche Prinz Jodelet ▪ FERNANDO Fidelio ▪ FRITZ KOTHNER Die Meistersinger von Nürnberg ▪ GRAF ALMAVIVA Le Nozze di Figaro
Folgeengagement: Ensemblemitglied

Jan Buchwald studierte Gesang bei Carl Heinz Müller in Hannover und vertiefte seine Studien bei Alois Orth in Berlin sowie bei Klesie Kelly-Moog in Köln. Sein erstes Engagement erhielt er am Niedersächsischen Staatstheater, wo er u. a. in Brittens »Billy Budd« mitwirkte. 2000 wurde er Mitglied des Internationalen Opernstudios. Hier sang er in Olga Neuwirths »Bählamms Fest« die Partie des Philip. Mit Beginn der Spielzeit 2002/03 wurde Jan Buchwald ins Ensemble der Hamburgischen Staatsoper übernommen, wo er 2004/05 mit neu erarbeiteten Partien wie Prosdocimo (Il Turco in Italia), Zar Peter (Zar und Zimmermann) und Sprecher (Die Zauberflöte) auf der Bühne steht.

Ho-yoon Chung, Tenor
Opernstudiomitglied: 2003–2005

Partien an der Hamburgischen Staatsoper
▪ 1. EDLER Lohengrin ▪ RUIZ Il Trovatore ▪ GASTON La Traviata ▪ REMENDADO Carmen ▪ 1. GEFANGENER Fidelio ▪ HERZOG Rigoletto ▪ RODRIGO Otello ▪ ALFREDO La Traviata ▪ FENTON Falstaff ▪ GRAF LERME/HEROLD Don Carlos ▪ ISMAELE Nabucco ▪ 1. GEHARNISCHTER Die Zauberflöte

Ho-yoon Chung wurde 1977 in Seoul geboren. Nach dem Besuch der High School studierte er Gesang an der Seoul National University. Er ist Preisträger unter anderem des Concours International De Chant De Verviers und des Korea National Opera Competition. Seit 2002 studiert er Gesang und Musiktheater an der Berliner Universität der Künste bei Harald Stamm. Der junge Tenor hat in Korea bereits Opernkonzerte gegeben. In der Spielzeit 2004/05 singt Ho-yoon Chung an der Hamburgischen Staatsoper u. a. den Chevalier (Dialogues des Carmélites), Herzog (Rigoletto), Fenton (Falstaff) und Alfredo (La Traviata).

Jürgen Fersch, Tenor
Opernstudiomitglied: 1994–1996

Partien an der Hamburgischen Staatsoper
■ PARPIGNOL La Bohème ■ PRIESTER Die Zauberflöte ■ JOSEPH La Traviata ■ 1. GEFANGENER Fidelio ■ RUIZ Il Trovatore ■ EIN LIEDVERKÄUFER Il Tabarro ■ EINER VON DREI STUDENTEN Historia von D. Johann Fausten
Folgeengagement: Chor der Bayerischen Staatsoper

Der in Neumarkt/Oberpfalz geborene Tenor Jürgen Fersch studierte an der Musikhochschule in München bei Brigitte Fassbaender und sang schon während seines Studiums kleine Partien an der Bayerischen Staatsoper. 1994 wurde er Mitglied des Internationalen Opernstudios und stand unter anderem als Don Ramiro in der Opernstudio-Produktion von »La Cenerentola« auf der Bühne. Seit 1996 ist Jürgen Fersch Mitglied im Chor der Bayerischen Staatsoper.

Frédérique Friess, Sopran
Opernstudiomitglied: 2001–2003

Partien an der Hamburgischen Staatsoper
■ 2. JUNGE DAME/2. JUNGES MÄDCHEN/9. OPFER We Come to the River ■ TAUMÄNNCHEN Hänsel und Gretel ■ IDA Die Fledermaus ■ EIN JUNGER HIRT Tannhäuser ■ BARBARINA Le Nozze di Figaro ■ FRASQUITA Carmen ■ JUNGFER LEITMETZERIN Der Rosenkavalier ■ KATE PINKERTON Madame Butterfly ■ GRETEL Hänsel und Gretel ■ NINETTA Die Liebe zu den drei Orangen ■ ZERLINA Don Giovanni ■ MARIE Zar und Zimmermann ■ GIANETTA L'Elisir d'Amore ■ 4. MAGD Elektra ■ PAPAGENA Die Zauberflöte ■ PAMINA Die Zauberflöte
Folgeengagement: Nationaltheater Mannheim

Frédérique Friess studierte an der Staatlichen Hochschule für Musik und Darstellende Kunst in Stuttgart Gesang. Bereits während ihres Studiums konnte sie durch Gastengagements an der Opéra National de Rennes, am Staatstheater Stuttgart sowie am Teatro dell' Opera di Roma Bühnenerfahrung sammeln. 2001 wurde sie Mitglied des Internationalen Opernstudios, wo sie in der Wiederaufnahme von »Ein geistliches Bankett« in St. Michaelis mitwirkte. Ebenfalls im Rahmen des Opernstudios sang sie die Theodora in der Deutschen Erstaufführung von Olga Neuwirths »Bählamms Fest«. Für die Gestaltung dieser Partie wurde sie als beste Nachwuchssängerin in der Zeitschrift »Opernwelt« nominiert. 2003/04 wechselte Frédérique Friess ins Ensemble des Nationaltheaters Mannheim, wo sie u. a. als Sophie (Der Rosenkavalier), Ascagne (Les Troyens) und Pamina (Die Zauberflöte) zu hören ist.

Ingrid Frøseth, Sopran
Opernstudiomitglied: 2003–2005

Partien an der Hamburgischen Staatsoper
■ PAPAGENA Die Zauberflöte ■ INEZ Il Trovatore ■ TAUMÄNNCHEN Hänsel und Gretel ■ KATE PINKERTON Madame Butterfly ■ ANNA Nabucco ■ FRASQUITA Carmen ■ BLONDE Die Entführung aus dem Serail ■ EINE MODISTIN Der Rosenkavalier ■ PAGE DER HERZOGIN Rigoletto ■ 1. KNAPPE Parsifal ■ BLUMENMÄDCHEN Parsifal ■ EINE HIMMLISCHE STIMME Don Carlos ■ BARBARINA Le Nozze di Figaro ■ SOLOSTIMME Moses und Aron

Die 1976 geborene Schwedin Ingrid Frøseth studierte Gesang am Königlich Dänischen Musikkonservatorium in Kopenhagen bei Bodil Gümoes, Diana Montague und Anthony Rolfe Johnson. Auf der Bühne des Opernstudios Kopenhagen sang sie bereits Partien wie Blonde, Olympia sowie Zerbinetta und Najade (Ariadne auf Naxos). Als Mitglied des Internationalen Opernstudios übernahm sie die Titelpartie in der Studioproduktion von »Gloria von Jaxtberg« und die Rolle der Kellnerin im szenischen Bach-Projekt »Ein weltliches Bankett«. In der Spielzeit 2004/05 ist sie u. a. in der konzertanten Premiere von »Die Frau ohne Schatten« und in der Opernstudio-Uraufführung von Jörn Arneckes »Butterfly Blues« zu erleben.

Zdena Furmančoková, Sopran
Opernstudiomitglied: 1994–1996

Partien an der Hamburgischen Staatsoper
■ PAGE DER HERZOGIN Rigoletto ■ TAUMÄNNCHEN Hänsel und Gretel ■ SCHWESTER OSMINA Suor Angelica ■ ECHO Ariadne auf Naxos ■ SYRINX Freispruch für Medea ■ GIANETTA L'Elisir d'Amore ■ SIDENIE/1. KORYPHÄE Armide ■ PAPAGENA Die Zauberflöte
Folgeengagement: Theater Lüneburg

Die in Bratislava geborene Sopranistin Zdena Furmančoková studierte in ihrer Heimatstadt Gesang und bekam 1991 einen Hauptpreis beim George-London-Wettbewerb in Wien. 1994 wurde sie Mitglied des Internationalen Opernstudios der Hamburgischen Staatsoper, wo sie in Opernstudio-Produktionen in den Partien der Clorinda (La Cenerentola), Miss Wordsworth (Albert Herring) und Atalanta (Xerxes) auf der Bühne stand. Seit der Spielzeit 1996/97 ist sie Mitglied im Ensemble des Theaters Lüneburg, wo sie inzwischen zahlreiche Partien ihres Fachs erarbeitet hat.

Gritt Gnauck, Mezzosopran
Opernstudiomitglied: 1994–1997

Partien an der Hamburgischen Staatsoper
■ INEZ Il Trovatore ■ NANETTE Der Wildschütz ■ ANNINA La Traviata ■ SANDMÄNNCHEN Hänsel und Gretel ■

3. MAGD Elektra ■ EIN HIRTE Tosca ■ DRYADE Ariadne auf Naxos ■ MADDALENA Rigoletto ■ LOLA Cavalleria rusticana ■ NOVIZIN Suor Angelica ■ 3. DAME Die Zauberflöte ■ MERCÉDÈS Carmen ■ SCHWERTLEITE Die Walküre ■ EINE STIMME Fausts Verdammnis
Folgeengagement: Theater Essen

Gebürtig aus Bad Salzungen und in Dresden aufgewachsen, erlernte Gritt Gnauck zunächst den Beruf der Chemiefacharbeiterin, bevor sie von 1987 bis 1993 in Schwerin und Dresden Gesang studierte. Sie gehörte zum ersten Durchgang des Internationalen Opernstudios und wirkte in den Opernstudio-Produktionen »La Cenerentola«, »Albert Herring«, »Xerxes« und »The Mother of Black-Winged Dreams« mit. In Poulencs Soloeinakter »La voix humaine« stand sie mit der Partie der jungen Frau auf der Bühne. 1998 wechselte Gritt Gnauck ans Theater Essen. Dort singt sie regelmäßig u. a. Dorabella (Così fan tutte), Cherubino (Le Nozze di Figaro), Rosina (Il Barbiere di Siviglia) und Carmen. Gastengagements führten sie nach Dresden, Wiesbaden, Mannheim und Bonn.

Moritz Gogg, Bariton
Opernstudiomitglied: 2001–2003

Partien an der Hamburgischen Staatsoper
■ 3. SOLDAT/6. WAHNSINNIGER We Come to the River ■ PAPAGENO Die Zauberflöte ■ SCHAUNARD La Bohème ■ LEANDER Die Liebe zu den drei Orangen ■ MORALÈS Carmen ■ KULIGIN Katja Kabanova ■ FIORILLO Il Barbiere di Siviglia ■ MITJUCHA Boris Godunow ■ 2. NAZARENER Salome ■ KAISERLICHER KOMMISSAR Madame Butterfly ■ CHRISTIANO Un Ballo in Maschera ■ MARULLO Rigoletto ■ OFFIZIER Dialogues des Carmélites ■ SOLDAT/LIBERTO L'Incoronazione di Poppea ■ SCIARRONE Tosca ■ GINO Das Fest im Meer ■ LEFORT Zar und Zimmermann ■ FEDERICH Der lächerliche Prinz Jodelet ■ KONRAD NACHTIGALL Die Meistersinger von Nürnberg ■ 2. HANDWERKSBURSCH Wozzeck ■ HEROLD Otello ■ MANN Moses und Aron
Folgeengagement: Ensemblemitglied

Der österreichische Bariton Moritz Gogg studierte an der Opernschule in Wien bei Michael Temme und Leo Plettner. Verschiedene Engagements führten ihn zur Junge Oper Wien, an die Wiener Kammeroper, ans Stadttheater Baden sowie ans Salzburger Landestheater, bis er 2001 für zwei Spielzeiten ins Internationale Opernstudio engagiert wurde. Anschließend wurde er ins Solistenensemble der Hamburgischen Staatsoper übernommen. Im Sommer 2004 gastierte Moritz Gogg als Papageno (Die Zauberflöte) an der Wiener Volksoper. In der Spielzeit 2004/05 präsentiert er sich in neuen Partien wie Achilles (Giulio Cesare in Egitto) und Ottokar (Der Freischütz).

Tamara Gura, Mezzosopran
Opernstudiomitglied: 2003–2005

Partien an der Hamburgischen Staatsoper
■ VALLETTO/PALLADE/AMOR L'Incoronazione di Poppea ■ GYMNASIAST Lulu ■ 3. MAGD Elektra ■ NICOLETTA Die Liebe zu den drei Orangen ■ SANDMÄNNCHEN Hänsel und Gretel ■ JULIA Der lächerliche Prinz Jodelet ■ EIN HIRTE Tosca ■ GRÄFIN VON CEPRANO Rigoletto ■ 2. KNAPPE/BLUMENMÄDCHEN Parsifal ■ SOLOSTIMME Moses und Aron ■ 3. DAME Die Zauberflöte

Tamara Gura wurde 1977 in den USA geboren. Ihre Gesangs- und Theaterausbildung bekam sie an der Northwestern University sowie an der North Carolina School of the Arts. Sie erhielt zahlreiche Preise und Auszeichnungen. Die Bühnenauftritte der Mezzosopranistin umfassen unter anderem Cherubino in »Le Nozze di Figaro« am Studio Lirico (Cortona/Italien) und Despina in »Così fan tutte« (NY Opera Forum und Festival Pievi e Castelli Toskana/Italien). Nach einer Spielzeit am Opernstudio Zürich ist Tamara Gura seit 2003 Mitglied des Internationalen Opernstudios der Hamburgischen Staatsoper. Hier stand sie in »Gloria von Jaxtberg« und »Ein weltliches Bankett« auf der Bühne. In der Spielzeit 2004/05 wirkt sie u. a. in Jörn Arneckes »Butterfly Blues« mit.

Kurt Gysen, Bass
Opernstudiomitglied: 1995–1997

Partien an der Hamburgischen Staatsoper
■ 1. BAUER I Pagliacci ■ PINELLINO Gianni Schicci ■ 2. GEFANGENER Fidelio ■ 2. GEHARNISCHTER Die Zauberflöte ■ GERICHTSDIENER Rigoletto ■ PFLEGER DES OREST Elektra ■ EINER VON DREI STUDENTEN Historia von D. Johann Fausten ■ MASETTO Don Giovanni ■ PHARNACES König Kandaules ■ SCIARRONE Tosca
Folgeengagement: Freischaffend

Der aus Belgien stammende Kurt Gysen erhielt seine musikalische Ausbildung in Leuven und Maastricht und stand schon während seines Studiums mit Partien wie Sarastro (Die Zauberflöte) und Masetto (Don Giovanni) auf der Bühne. Als Mitglied des Internationalen Opernstudios war er in den Eigenproduktionen »Albert Herring« (Mr. Budd) und »Xerxes« (Ariodates) sowie in der Uraufführung von Hanna Kulentys Oper »Mother of Black-Winged Dreams« (Woodraven) zu erleben. Seit 1997/98 ist Kurt Gysen freischaffend tätig. Er ist regelmäßig an den Opernhäusern von Antwerpen und Gent zu Gast, wo er u. a. als Don Basilio (Il Barbiere di Siviglia), Talbot (Giovanna D'Arco), König Treff (Die Liebe zu den drei Orangen) und Fernando (Fidelio) zu hören ist.

Susann Hagel, Sopran
Opernstudiomitglied: 1999–2001

Partien an der Hamburgischen Staatsoper
■ PAPAGENA Die Zauberflöte ■ TAUMÄNNCHEN Hänsel und Gretel ■ IDA Die Fledermaus ■ BARBARINA Le Nozze di Figaro ■ KATE PINKERTON Madame Butterfly ■ GRÄFIN VON CEPRANO Rigoletto ■ SKLAVE Salome ■ FRASQUITA Carmen ■ GIANETTA L'Elisir d'Amore ■ XENIA Boris Godunow
Folgeengagement: Freischaffend

Die in Dessau geborene Sopranistin Susann Hagel studierte an den Musikhochschulen von

Würzburg und Hamburg. 1999 wurde sie ans Internationale Opernstudio der Hamburgischen Staatsoper engagiert, wo sie in den Eigenproduktionen »Ritter Blaubart« (Fleurette), »Ein geistliches Bankett« und »Powder Her Face« (Zimmermädchen) mitwirkte. Seit der Spielzeit 2001/02 ist Susann Hagel freischaffend tätig, gastierte aber als Papagena (Die Zauberflöte) und mit der Sopranpartie im »Messias« an der Hamburgischen Staatsoper. Neben Konzertauftritten sang sie am Stadttheater Lüneburg die Gilda. Derzeit ist sie in einer Stuttgarter Musical-Produktion engagiert.

Danielle Halbwachs, Sopran
Opernstudiomitglied: 1997–1999

Partien an der Hamburgischen Staatsoper
■ 1. DAME Die Zauberflöte ■ MÉLISANDE Ariane et Barbe-Bleue ■ KAMMERFRAU Macbeth ■ 2. NICHTE Peter Grimes ■ 1. ALMOSENSUCHERIN Suor Angelica ■ BARENA Jenufa ■ MICAËLA Carmen ■ ANTONIA Les Contes d'Hoffmann ■ GRÄFIN ALMAVIVA Le Nozze di Figaro ■ AGATHE Der Freischütz ■ ELISABETH Don Carlos ■ ROSALINDE Die Fledermaus ■ FIORDILIGI Così fan tutte ■ MADAME LIDOINE Dialogues des Carmélites ■ TATJANA Eugen Onegin ■ EVA Die Meistersinger von Nürnberg ■ ALICE FORD Falstaff
Folgeengagement: Ensemblemitglied

Die auf Mauritius geborene Sopranistin Danielle Halbwachs studierte in Südafrika und an der Hochschule für Musik und Theater in Hannover. 1997 wurde sie Mitglied des Internationalen Opernstudios, wo sie in Eigenproduktionen die Partien der Hanna Glawari (Die lustige Witwe) und der Frau (Der arme Matrose) sang. Nach einem Jahr im Ensemble des Staatstheaters Schwerin wurde sie ab der Spielzeit 2000/01 wieder an die Hamburgische Staatsoper engagiert. Hier ist sie in der laufenden Spielzeit als die Kaiserin in der konzertanten Premiere von »Die Frau ohne Schatten« und als Vitellia in »La Clemenza di Tito« zu hören. In der Spielzeit 2005/06 wird Danielle Halbwachs ihr Debüt als Lisa (Pique Dame) an der Frankfurter Oper geben.

Dagmar Hesse, Sopran
Opernstudiomitglied: 1994–1997

Partien an der Hamburgischen Staatsoper
■ 2. DAME Die Zauberflöte ■ SANDMÄNNCHEN Hänsel und Gretel ■ EIN HIRTE Tosca ■ ANNINA La Traviata ■ GIOVANNA Rigoletto ■ NOVIZIN Suor Angelica ■ AIGLAIA Freispruch für Medea ■ SCHWESTER DOLCINA Suor Angelica ■ NELLA Gianni Schicchi ■ INEZ Il Trovatore ■ 4. MAGD Elektra
Folgeengagement: Theater Hagen

Dagmar Hesse studierte an der Musikakademie Kassel und an der Hochschule für Musik und Theater in Hannover. Bereits während ihrer Ausbildung gastierte sie an den dortigen Opernhäusern. Es folgte das Engagement an das Opernstudio der Hamburgischen Staatsoper, wo sie die Titelpartien von »La Cenerentola« und »Xerxes« sang sowie in »Albert Herring« als Lady Billows mitwirkte. Ab 1997 führten Gastspiele sie an die Oper Köln, an das Theater Aachen und an die Dresdner Semperoper. Seit der Spielzeit 2000/01 ist Dagmar Hesse festes Ensemblemitglied am Theater Hagen; dort war sie u. a. als Madame Butterfly, als Elsa (Lohengrin) und als Marschallin (Der Rosenkavalier) zu erleben.

Andreas Hörl, Bass
Opernstudiomitglied: 1999–2001

Partien an der Hamburgischen Staatsoper
■ 1. SOLDAT Salome ■ SPRECHER Die Zauberflöte ■ BITEROLF Tannhäuser ■ BONZO Madame Butterfly ■ EIN ALKALDE La Forza del Destino ■ SOLJONY Tri Sestri ■ EIN SCHLIESSER Tosca ■ MONTERONE Rigoletto ■ GERICHTSDIENER Rigoletto ■ 2. GEHARNISCHTER Die Zauberflöte ■ LAWITZKI Boris Godunow ■ PAGE Roberto Devereux ■ 4. OFFIZIER/3. BEAMTER/4. OPFER We Come to the River ■ SARETZKI Eugen Onegin ■ TSCHELIO Die Liebe zu den drei Orangen ■ GRAF RIBBING Un Ballo in Maschera ■ EIN POLIZEIKOMMISSAR Der Rosenkavalier ■ WARLAAM Boris Godunow ■ CONDANNATO La vera Storia ■ EIN NACHTWÄCHTER Die Meistersinger von Nürnberg ■ EIN EREMIT Der Freischütz ■ SENECA L'Incoronazione di Poppea ■ PFLEGER DES OREST Elektra ■ ATHLET Lulu ■ MESNER Tosca ■ OCTAVIUS Der lächerliche Prinz Jodelet ■ 1. HANDWERKSBURSCH Wozzeck ■ SARASTRO Die Zauberflöte ■ EIN PRIESTER Moses und Aron
Folgeengagement: Ensemblemitglied

Andreas Hörl wurde in München geboren und studierte an der Musikhochschule Köln bei Kurt Moll. Im September 1999 wurde er Mitglied des Internationalen Opernstudios. Hier übernahm er im Frühjahr 2001 in der Opernstudio-Produktion von »Powder her Face« den Hotelmanager. Im Juni desselben Jahres sang er für eine CD-Aufnahme des »Freischütz« für den WDR den Eremiten. Andreas Hörl ist seit 2002 Mitglied des Ensembles der Hamburgischen Staatsoper und singt in der Spielzeit 2004/05 u. a. den Einarmigen in der konzertanten Premiere von »Die Frau ohne Schatten«. Mit seiner Paraderolle, dem Osmin aus »Die Entführung aus dem Serail«, gastierte Andreas Hörl bereits sehr erfolgreich an den Opernhäusern in Frankfurt und Zürich sowie an der Komischen Oper Berlin.

Martin Homrich, Tenor
Opernstudiomitglied: 1997–1999

Partien an der Hamburgischen Staatsoper
■ 1. GEHARNISCHTER Die Zauberflöte ■ 1. EDLER Lohengrin ■ MALCOLM Macbeth ■ JOSEPH La Traviata ■ LIEDVERKÄUFER

Il Tabarro ■ NORMANNO Lucia di Lammermoor ■ WOLFRAM Les Contes d'Hoffmann ■ EIN LIEBESPAAR Il Tabarro ■ GASTON La Traviata ■ 2. HANDWERKSBURSCH Wozzeck ■ RODRIGO Otello ■ PANG Turandot ■ TAMINO Die Zauberflöte
Folgeengagement: Sächsische Staatsoper Dresden

Der in Siegen geborene Tenor Martin Homrich studierte an der Kölner Musikhochschule bei Ks. Kurt Moll. Als Mitglied des Internationalen Opernstudios sang er in Eigenproduktionen Rosillon (Die lustige Witwe) und Matrose (Der arme Matrose). 1998 erhielt er, gemeinsam mit Kay Stiefermann, den Dr. Wilhelm Oberdörffer-Preis. Ab 1999 war er zwei Spielzeiten lang im Jungen Ensemble der Hamburgischen Staatsoper und wirkte hier in der Opernstudio-Produktion »Ein geistliches Bankett« mit. Mit Beginn der Spielzeit 2001/02 wechselte er an die Sächsische Staatsoper Dresden. Dort singt er in der laufenden Spielzeit seinen ersten Tom Rakewell (The Rake's Progress) sowie seinen ersten Hans (Die verkaufte Braut).

Inga Kalna, Sopran
Opernstudiomitglied: 1999–2001

Partien an der Hamburgischen Staatsoper
■ KAMMERFRAU Macbeth ■ VIOLETTA La Traviata ■ OLYMPIA/STELLA Les Contes d'Hoffmann ■ BARENA Jenufa ■ GILDA Rigoletto ■ ANTONIA Les Contes d'Hoffmann ■ XENIA Boris Godunow ■ ADINA L'Elisir d'Amore ■ RACHEL We Come to the River ■ EINE HIMMLISCHE STIMME Don Carlos ■ MIMÌ La Bohème ■ ALCINA Alcina ■ OSCAR Un Ballo in Maschera ■ CONSTANCE Dialogues des Carmélites ■ LIÙ Turandot ■ LAURA Der lächerliche Prinz Jodelet ■ GRÄFIN ALMAVIVA Le Nozze di Figaro
Folgeengagement: Ensemblemitglied

Inga Kalna wurde in Riga geboren und studierte Gesang an der Lettischen Musikakademie. 1995 wurde sie an die Lettische Nationaloper engagiert, wo sie unter anderem Donna Anna (Don Giovanni), Mimì und Musetta (La Bohème) und Liù (Turandot) sang. Dort gastiert sie noch regelmäßig. Als Mitglied des Internationalen Opernstudios wirkte sie im szenischen Bach-Projekt »Ein geistliches Bankett« mit. 2001 erhielt sie den Dr. Wilhelm Oberdörffer-Preis. Im selben Jahr wurde Inga Kalna ins Ensemble der Hamburgischen Staatsoper übernommen. In der Spielzeit 2004/05 steht sie erstmalig als Donna Fiorilla in der Neuproduktion von »Il Turco in Italia« auf der Bühne. Die CD-Einspielung von Händels »Rinaldo« unter René Jacobs, in der Inga Kalna die Armida singt, wurde von den Kritikern der Zeitschrift »Opernwelt« zur Opernaufnahme des Jahres 2003 gekürt.

Aleksandra Kurzak, Sopran
Opernstudiomitglied: 2001–2003

Partien an der Hamburgischen Staatsoper
■ KATE PINKERTON Madame Butterfly ■ GILDA Rigoletto ■ PAPAGENA Die Zauberflöte ■ TAUMÄNNCHEN Hänsel und Gretel ■ NINETTA Die Liebe zu den drei Orangen ■ KÖNIGIN DER NACHT Die Zauberflöte ■ GIANNETTA L'Elisir d'Amore ■ EINE MODISTIN Der Rosenkavalier ■ EINE HIMMLISCHE STIMME Don Carlos ■ BLONDE Die Entführung aus dem Serail ■ ADELE Die Fledermaus ■ OBERTO Alcina ■ FORTUNA/DAMIGELLA L'Incoronazione di Poppea ■ MARIE Zar und Zimmermann ■ 5. MAGD Elektra ■ GRETEL Hänsel und Gretel ■ MARZELLINE Fidelio ■ LAURA Der lächerliche Prinz Jodelet ■ NANNETTA Falstaff ■ SUSANNA Le Nozze di Figaro
Folgeengagement: Ensemblemitglied

Aleksandra Kurzak stammt aus Polen, studierte an der Musikhochschule in Breslau und absolvierte anschließend ein Aufbaustudium bei Ingrid Kremling an der Hochschule für Musik und Theater Hamburg. Im Mai 1999 debütierte sie an der Staatsoper in Breslau als Susanna in »Le Nozze di Figaro«. 2001 wurde sie ins Internationale Opernstudio engagiert, wo sie die Elizabeth in der Eigenproduktion von »Bählamms Fest« sowie das Zimmermädchen in der Wiederaufnahme von »Powder Her Face« sang. Seit Beginn der Spielzeit 2003/04 ist Aleksandra Kurzak Ensemblemitglied an der Hamburgischen Staatsoper. In der Spielzeit 2004/05 ist sie als Cleopatra in »Giulio Cesare in Egitto« und Servilia in »La Clemenza di Tito« zu erleben. Weiterhin hat sie Verträge für Gast-Engagements an den renommiertesten Opernhäusern der Welt unterzeichnet: Im Dezember 2004 sang sie an der MET New York in der Premiere von »Les Contes d'Hoffmann« die Olympia, und in den kommenden Jahren sind weitere Auftritte in New York sowie am Royal Opera House Covent Garden in London und am Lyric Opera House in Chicago geplant.

Jonas Olofsson, Tenor
Opernstudiomitglied: 2003–2005

Partien an der Hamburgischen Staatsoper
■ SOLDAT/FAMIGLIARO/TRIBUNO L'Incoronazione di Poppea ■ CHATEAUNEUF Zar und Zimmermann ■ KAMMERDIENER Lulu ■ SPOLETTA Tosca ■ JOSEPH La Traviata ■ ABDALLO Nabucco ■ RUIZ Il Trovatore ■ HAUSHOFMEISTER BEI FANINAL Der Rosenkavalier ■ MOSER Die Meistersinger von Nürnberg ■ 1. GRALSRITTER Parsifal ■ 1. GEFANGENER Fidelio ■ JÜNGLING/SOLOSTIMME Moses und Aron

Jonas Olofsson, geboren in Schweden, studierte an der Opernschule der Universität Göteborg. Während seines Studiums stand er bereits als Bardolfo (Falstaff) und Jim Mahoney (Aufstieg und Fall der Stadt Mahagonny) auf der Bühne. Im Sommer 2000 trat er an der Akademie Vadstena in Ivar Hallströms Oper »Duke Magnus and the Mermaid« auf, die auch auf CD eingespielt wurde. Als Mitglied des Internationalen Opernstudios wirkte er in »Ein weltliches Bankett« mit und präsentierte sich als der vermeintliche Märchenprinz in »Gloria von Jaxtberg«. In der Spielzeit 2004/05 singt er Borsa (Rigoletto) und Louis Ironside in der Deutschen Erstaufführung von Peter Eötvös' »Angels«.

Antigone Papoulkas, Mezzosopran
Opernstudiomitglied: 1999–2001

Partien an der Hamburgischen Staatsoper
■ 2. DAME Die Zauberflöte ■ SANDMÄNNCHEN Hänsel und Gretel ■ IDA Die Fledermaus ■ EINE MAGD Jenufa ■ LOLA Cavalleria rusticana ■ PAGE DER HERZOGIN Rigoletto ■ CURRA La Forza del Destino ■ FEODOR Boris Godunow ■ EIN HIRTE Tosca ■ 3. HURE/6. JUNGE DAME/6. JUNGES MÄDCHEN/13. OPFER We Come to the River ■ THIBAULT Don Carlos ■ HÄNSEL Hänsel und Gretel ■ BRADAMANTE Alcina ■ EIN PAGE Salome ■ CHERUBINO Le Nozze di Figaro ■

DORABELLA Così fan tutte ■ INEZ Il Trovatore ■ VARVARA Katja Kabanova ■ MERCÉDÈS Carmen ■ 3. MAGD Elektra
Folgeengagement: Wiener Staatsoper

Die in München geborene Antigone Papoulkas erhielt Gesangsunterricht bei Ks. Soto Papoulkas, Ks. Hans Sotin und bei Klesie Kelly-Moog. Sie ist Stipendiatin der Walter-Kaminsky-Stiftung und erhielt 2001 den Dr. Wilhelm Oberdörffer-Preis. Als Mitglied des Internationalen Opernstudios sang sie im März 2000 die Boulotte in der Opernstudio-Produktion von Offenbachs »Ritter Blaubart« im Forum der Hamburger Musikhochschule. Im selben Jahr wirkte sie auch im szenischen Bach-Projekt »Ein geistliches Bankett« mit. 2001–03 gehörte sie zum Solistenensemble der Hamburgischen Staatsoper. Mit Beginn der Spielzeit 2003/04 wechselte sie an die Wiener Staatsoper. Dort ist sie in der Saison 2004/05 u. a. als Nicklausse (Les Contes d'Hoffmann), Rosina (Il Barbiere di Siviglia), Zulma (L'Italiana in Algeri) und als Cherubino (Le Nozze di Figaro) zu hören.

Petia Petrova, Mezzosopran
Opernstudiomitglied: 1997–1999

Partien an der Hamburgischen Staatsoper
■ ROSINA Il Barbiere di Siviglia ■ MERCÉDÈS Carmen ■ SUZUKI Madame Butterfly ■ EINE MAGD Jenufa ■ TISBE La Cenerentola ■ SCHWESTER EIFERIN Suor Angelica ■ ALISA Lucia di Lammermoor ■ SMETON Anna Bolena ■ ANGELINA La Cenerentola ■ LA MUSE/NICKLAUSSE Les Contes d'Hoffmann ■ ANNINA La Traviata ■ MADDALENA Rigoletto ■ CHERUBINO Le Nozze di Figaro ■ SARA Roberto Devereux
Folgeengagement: Freischaffend

Die Bulgarin Petia Petrova studierte in ihrer Heimatstadt Sofia Gesang und gab 1995 am dortigen Opernhaus ihr Debüt als Rosina (Il Barbiere di Siviglia). Als Mitglied des Internationalen Opernstudios erhielt sie den Dr. Wilhelm Oberdörffer-Preis und wirkte im musikalisch-szenischen Opernstudio-Projekt »Liebe, Leid und Leidenschaft« mit. In der Spielzeit 1999/2000 gehörte sie zum Jungen Ensemble der Hamburgischen Staatsoper. Noch während ihres Engagements in Hamburg gastierte Petia Petrova als Adalgisa (Norma) an der Staatsoper Berlin und als Agnese (Beatrice di Tenda) sowie als Cherubino (Le Nozze di Figaro) am Liceo Barcelona. Weitere Engagements führten sie ans Royal Opera House in London (Nicklausse in »Les Contes d'Hoffmann«), an die Bayerische Staatsoper (Angelina in »La Cenerentola«) und ans Teatro Real Madrid (Meg Page in »Falstaff«).

Katja Pieweck, Mezzosopran
Opernstudiomitglied: 1997–1999

Partien an der Hamburgischen Staatsoper
■ IDA Die Fledermaus ■ SÉLYSETTE Ariane et Barbe-Bleue ■ SIEGRUNE Die Walküre ■ TANTE Jenufa ■ ANNINA La Traviata ■ NOVIZIN Suor Angelica ■ ALISA Lucia di Lammermoor ■ FRAU DES DORFRICHTERS Jenufa ■ LOLA Cavalleria rusticana ■ MERCÉDÈS Carmen ■ CURRA La Forza del Destino ■ BERTA Il Barbiere di Siviglia ■ 1. DAME Die Zauberflöte ■ GERTRUD Hänsel und Gretel ■ MUTTER Les Contes d'Hoffmann ■ SANDMÄNNCHEN Hänsel und Gretel ■ MARCELLINA Le Nozze di Figaro ■ GIOVANNA Rigoletto ■ EIN HIRTE Tosca ■ MADDALENA Rigoletto ■ SCHENKWIRTIN Boris Godunow ■ FILIPJEWNA Eugen Onegin ■ SUZUKI Madame Butterfly ■ NICOLETTA Die Liebe zu den drei Orangen ■ ANNINA Der Rosenkavalier ■ WITWE BROWE Zar und Zimmermann ■ PALLADE L'Incoronazione di Poppea ■ THEATER-GARDEROBIERE Lulu ■ AUFSEHERIN Elektra ■ FENENA Nabucco ■ MAGDALENE Die Meistersinger von Nürnberg ■ MEG PAGE Falstaff
Folgeengagement: Ensemblemitglied

Katja Pieweck wurde in Hannover geboren. Sie studierte Gesang bei Ks. Judith Beckmann an der Musikhochschule Hamburg, wo sie in zahlreichen Opernproduktionen auftrat. Als Mitglied des Internationalen Opernstudios sang sie die Valencienne in der Eigenproduktion der »Lustigen Witwe«. 1999/2000 wurde Katja Pieweck ins Ensemble der Hamburgischen Staatsoper übernommen. In der laufenden Spielzeit ist sie unter anderem in der konzertanten Premiere von »Die Frau ohne Schatten« und der deutschen Erstaufführung von Peter Eötvös' Oper »Angels« zu hören.

Christoph Pohl, Bariton
Opernstudiomitglied: 2003–2005

Partien an der Hamburgischen Staatsoper
■ FAMIGLIARO/LITTORE/CONSOLE L'Incoronazione di Poppea ■ FIORILLO Il Barbiere di Siviglia ■ LEFORT Zar und Zimmermann ■ KAISERLICHER KOMMISSAR Madame Butterfly ■ DANCAÏRO Carmen ■ EDUARD Der lächerliche Prinz Jodelet ■ MARULLO Rigoletto ■ FERNANDO Fidelio ■ SOLOSTIMME Moses und Aron ■ PAPAGENO Die Zauberflöte

Christoph Pohl wurde 1976 in Hannover geboren und sammelte mit neun Jahren erste Erfahrungen im Knabenchor Hannover. Danach erhielt er Gesangsunterricht bei Peter Sefcik und William Reimer. Seit 1998 studiert er an der Musikhochschule Hannover bei Carol Richardson. Der Bariton trat bei den Händelfestspielen in Göttingen auf und ist Stipendiat des Richard-Wagner-Verbandes Hannover und der Franz-Grothe-Stiftung. Er wirkte in den Opernstudio-Produktionen »Gloria von Jaxtberg« und »Ein weltliches Bankett« mit.

Tobias Schabel, Bass
Opernstudiomitglied: 1998–2000

Partien an der Hamburgischen Staatsoper
■ EIN MÖRDER/1. ERSCHEINUNG Macbeth ■ NOTAR Gianni

Schicchi ■ 3. EDLER Lohengrin ■ HEROLD Otello ■ MANDARIN Turandot ■ 5. JUDE Salome ■ 2. GEHARNISCHTER Die Zauberflöte ■ MARCHESE D'OBIGNY La Traviata ■ GERICHTSDIENER Rigoletto ■ CHIRURGUS La Forza del Destino
Folgeengagement: Stadttheater Luzern, dann Nationaltheater Mannheim

Tobias Schabel absolvierte sein Gesangsstudium an der Hochschule für Musik und Theater Hamburg. 1998 wurde er Mitglied des Internationalen Opernstudios und sang hier in der Eigenproduktion »Ritter Blaubart« im Forum der Musikhochschule den Grafen Oscar. Nach zwei Jahren als Ensemblemitglied am Stadttheater Luzern gehört er seit der Spielzeit 2002/03 zum Ensemble des Nationaltheaters Mannheim. Dort hat Tobias Schabel Partien wie Raimondo (Lucia di Lammermoor), Landgraf Hermann (Tannhäuser) und Don Alfonso (Così fan tutte) gesungen. Gastengagements als Fafner (Das Rheingold) und Hobson (Peter Grimes) führten ihn an das Gran Teatre del Liceu in Barcelona.

Thomas Schmidle, Tenor
Opernstudiomitglied: 1997–1999

Partien an der Hamburgischen Staatsoper
■ 2. BAUER Ariane et Barbe-Bleue ■ PRIESTER Die Zauberflöte ■ JOSEPH La Traviata ■ 2. EDLER Lohengrin ■ ALTOUM Turandot ■ LIEDVERKÄUFER Il Tabarro ■ WOLFRAM Les Contes d'Hoffmann ■ TRABUCO La Forza del Destino ■ RODRIGO Otello
Folgeengagement: Freischaffend

Thomas Schmidle wurde in Aalen geboren und studierte nach einer Ausbildung zum Zahntechniker Gesang an der Stuttgarter Hochschule bei Luisa Bosabalian. Während seines Studiums sang er verschiedene Operettenpartien am Kolping Musiktheater, Schwäbisch Gmünd. 1997 wurde er ans Internationale Opernstudio der Hamburgischen Staatsoper engagiert, wo er in den Opernstudio-Produktionen »Die lustige Witwe« (Rosillon) und »Der arme Matrose« (Der Matrose) zu erleben war. Seit Beginn der Spielzeit 1999/2000 ist Thomas Schmidle freischaffend tätig.

Dirk Schmitz, Tenor
Opernstudiomitglied: 1999–2001

Partien an der Hamburgischen Staatsoper
■ PRIESTER Die Zauberflöte ■ JOSEPH La Traviata ■ WOLFRAM Les Contes d'Hoffmann ■ 2. EDLER Lohengrin ■ RODRIGO Otello ■ PARPIGNOL La Bohème ■ RODÉ Tri Sestri ■ BORSA Rigoletto ■ EIN LEIBBOJAR Boris Godunow ■ 4. JUDE Salome ■ FELDWEBEL/1. WAHNSINNIGER We Come to the River ■ GRAF LERME/HEROLD Don Carlos ■ BASILIO Le Nozze di Figaro ■ REMENDADO Carmen ■ HAUSHOFMEISTER BEI FANINAL Der Rosenkavalier ■ EIN RICHTER Un Ballo in Maschera ■ SPOLETTA Tosca ■ ALFRED Die Fledermaus ■ CHATEAUNEUF Zar und Zimmermann ■ RUIZ Il Trovatore ■ MONOSTATOS Die Zauberflöte
Folgeengagement: Freischaffend

Der in Kerpen geborene Dirk Schmitz studierte an der Musikhochschule Köln bei Monika Pick-Hieronimi und Klesie Kelly-Moog. Bereits während seines Studiums sang er zahlreiche Konzerte und übernahm erste Aufgaben im Opernbereich. Als Opernstudiomitglied sang er im März 2000 den Daphnis in Offenbachs »Ritter Blaubart« im Forum der Musikhochschule. Weiterhin übernahm er bei der Eigenproduktion des Opernstudios von Thomas Adès' Kammeroper »Powder Her Face« eine der beiden männlichen Hauptpartien, den Elektriker. In den Jahren 2001–2003 gehörte Dirk Schmitz zum Ensemble der Hamburgischen Staatsoper. Seit Beginn der Spielzeit 2003/04 ist er freischaffend tätig, gastiert aber noch regelmäßig in Hamburg. Im Sommer 2004 sang er bei den Eutiner Festspielen den Chateauneuf in »Zar und Zimmermann«.

Jörn Schümann, Bass
Opernstudiomitglied: 1997–1999

Partien an der Hamburgischen Staatsoper
■ 1. ERSCHEINUNG/ARZT/DIENER Macbeth ■ HEROLD Otello ■ MANDARIN Turandot ■ 3. BAUER Ariane et Barbe-Bleue ■ 2. GEHARNISCHTER Die Zauberflöte ■ MARCHESE D'OBIGNY La Traviata ■ 4. EDLER Lohengrin ■ EIN MÖRDER Macbeth ■ ZUNIGA Carmen ■ HOBSON Peter Grimes ■ CHIRURGUS, EIN ALKALDE La Forza del Destino ■ GRENVIL La Traviata ■ ARZT Pelléas et Mélisande ■ EIN STEUERMANN Tristan und Isolde ■ SCIARRONE Tosca ■ CEPRANO Rigoletto ■ GERICHTSDIENER Rigoletto ■ TSCHERNIKOWSKIJ Boris Godunow ■ 5. JUDE Salome ■ VERTRAUTER Roberto Devereux ■ GRAF HORN Un Ballo in Maschera ■ EIN IRRENHAUSWÄRTER The Rake's Progress ■ ARZT We Come to the River ■ MELISSO Alcina ■ POLIZEIOFFIZIER Boris Godunow ■ FOLTZ Die Meistersinger von Nürnberg ■ SPRECHER Die Zauberflöte ■ SYNDHAM Zar und Zimmermann ■ SARETZKI Eugen Onegin ■ BITEROLF Tannhäuser ■ NARUMOFF Pique Dame ■ ALTER DIENER Elektra ■ EIN POLIZEIKOMMISSAR Der Rosenkavalier ■ MONTERONE Rigoletto ■ FERNANDO Der lächerliche Prinz Jodelet ■ DOUPHOL La Traviata ■ MESNER Tosca ■ EPHRAIMIT Moses und Aron
Folgeengagement: Ensemblemitglied

Jörn Schümann wurde bei Hamburg geboren und studierte Gesang an der Hochschule Berlin bei Ks. Stamm. 1997 wurde er Mitglied des Internationalen Opernstudios, wo er in Eigenproduktionen die Partien des Baron Mirko Zeta (Die lustige Witwe) und des Schwiegervaters (Der arme Matrose) sang. In der Spielzeit 1999/2000 wurde er ins Ensemble der Hamburgischen Staatsoper übernommen. Hier ist er in der laufenden Spielzeit unter anderem als Gefängnisdirektor Frank in »Die Fledermaus« zu erleben. Gastspiele führten Jörn Schümann nach Lübeck, Münster, Erfurt und Luzern.

Wilhelm Schwinghammer, Bass
Opernstudiomitglied: 2003–2005

Partien an der Hamburgischen Staatsoper
■ 4. EDLER Lohengrin ■ HAUPTMANN Eugen Onegin ■ DER PFLEGER DES OREST Elektra ■ SCIARRONE Tosca ■ 2. GEHARNISCHTER Die Zauberflöte ■ MARCHESE D'OBIGNY La Traviata ■ 2. GRALSRITTER Parsifal ■ 2. GEFANGENER Fidelio ■ SOLOSTIMME Moses und Aron

Wilhelm Schwinghammer wurde 1977 in Vilsbiburg/Niederbayern geboren. Er besuchte das Musikgymnasium der Regensburger Domspatzen, das er 1998 mit seinem Abitur verließ. Im April 2000 nahm der junge Bassist ein Gesangsstudium an der Universität der Künste Berlin bei Ks. Harald Stamm auf. Es folgten erste Bühnenauftritte in »Gianni Schicchi« und als Komtur in »Don Giovanni«. Darüber hinaus hat er Engagements mit dem Kammerchor Stuttgart und dem Collegium Vocale Gent unter Philippe Herreweghe wahrgenommen. Als Mitglied des Internationalen Opernstudios sang er den Rodrigo in HK Grubers »Gloria von Jaxtberg«. In der Spielzeit 2004/05 ist er in »Giulio Cesare in Egitto« (Curio), »Zar und Zimmermann« (Lord Syndham) sowie in der Opernstudio-Uraufführung von Jörn Arneckes »Butterfly Blues« zu erleben.

Michael Smallwood, Tenor
Opernstudiomitglied: 2001–2003

Partien an der Hamburgischen Staatsoper
■ FEDOTIK Tri Sestri ■ SPOLETTA Tosca ■ GRAF LERME/HEROLD Don Carlos ■ PRIESTER Die Zauberflöte ■ PARPIGNOL La Bohème ■ GASTON La Traviata ■ KUDRJASCH Katja Kabanova ■ ULRICH EISSLINGER Die Meistersinger von Nürnberg ■ BORSA Rigoletto ■ SOLDAT/FAMIGLIARO/TRIBUNO L'Incoronazione di Poppea ■ HAUSHOFMEISTER BEI FANINAL Der Rosenkavalier ■ 1. KOMMISSAR Dialogues des Carmélites ■ REMENDADO Carmen ■ JUNGER DIENER Elektra ■ TRUFFALDINO Die Liebe zu den drei Orangen ■ HENRIQUES Der lächerliche Prinz Jodelet ■ MONOSTATOS Die Zauberflöte
Folgeengagement: Freischaffend

Michael Smallwood studierte zunächst an der Universität von Melbourne, bevor er am Victorian College of the Arts sein Operndiplom machte. Eine weiterführende Ausbildung absolvierte der gebürtige Australier an der Juilliard School of Music. Sein Operndebüt gab er 1998 als Bote in »Béatrice und Bénédict« an der Australischen Oper. Drei Jahre später wurde er an das Internationale Opernstudio engagiert, wo er in »Bählamms Fest« mitwirkte. Zudem sang er in den Wiederaufnahmen der Operstudio-Produktionen »Ein geistliches Bankett« und »Powder Her Face«. Michael Smallwood war 2003/04 Ensemblemitglied an der Hamburgischen Staatsoper. Derzeit ist er freischaffend tätig. Im Sommer 2004 sang er den 1. Diener in »Capriccio« an der Opéra Bastille in Paris.

Sabine Sommerfeld, Sopran
Opernstudiomitglied: 1994–1997

Partien an der Hamburgischen Staatsoper
■ ECHO Ariadne auf Naxos ■ TAUMÄNNCHEN Hänsel und Gretel ■ KATE PINKERTON Madame Butterfly ■ INEZ Il Trovatore ■ GRÄFIN VON CEPRANO Rigoletto ■ PAGE DER HERZOGIN Rigoletto ■ PHÉNICE Armide ■ BRUNHILD Lustige Nibelungen ■ BARBARINA Le Nozze di Figaro ■ EINE MODISTIN Der Rosenkavalier
Folgeengagement: Staatstheater Nürnberg

Die aus Hildesheim stammende Sabine Sommerfeld erhielt ihre musikalische Ausbildung in Deutschland, Großbritannien und den USA. Von 1989 bis 1994 war sie Stipendiatin der Studienstiftung des deutschen Volkes. Als Mitglied des Internationalen Opernstudios wirkte sie in mehreren Eigenproduktionen mit: Sie sang Angelina in »La Cenerentola«, Nancy Waters in »Albert Herring«, Romilda in »Xerxes« und Click A in der Uraufführung von Hanna Kulentys Oper »The Mother of Black-Winged Dreams«. Inzwischen ist Sabine Sommerfeld im Ensemble des Staatstheaters Nürnberg.

Britta Stallmeister, Sopran
Opernstudiomitglied: 1997–1998

Partien an der Hamburgischen Staatsoper
■ PAPAGENA Die Zauberflöte ■ FRASQUITA Carmen ■ CLORINDA La Cenerentola ■ KAROLKA Jenufa
Folgeengagement: Opernhaus Frankfurt am Main

Die in Hamm geborene Sopranistin Britta Stallmeister studierte an der Hochschule für Musik und Theater in Hannover. 1997 wurde sie Mitglied des Internationalen Opernstudios, wo sie in der Eigenproduktion »Die lustige Witwe« die Valencienne sang. Nach nur einer Spielzeit im Internationalen Opernstudio wurde Britta Stallmeister 1998 ans Opernhaus Frankfurt engagiert. Dort steht sie regelmäßig als Susanna (Le Nozze di Figaro), Despina (Così fan tutte), Musetta (La Bohème) und Nannetta (Falstaff) auf der Bühne. Im Sommer 2001 sang sie den Waldvogel (Siegfried) und ein Blumenmädchen (Parsifal) bei den Bayreuther Festspielen. Darüber hinaus gastierte sie bei den Salzburger Festspielen und an der Sächsischen Staatsoper Dresden.

Kay Stiefermann, Bariton
Opernstudiomitglied: 1997–1999

Partien an der Hamburgischen Staatsoper
■ FIORELLO Il Barbiere di Siviglia ■ HEROLD Otello ■ KAISERLICHER KOMMISSAR Madame Butterfly ■ MORALÈS Carmen ■ 2. HANDWERKSBURSCH Wozzeck ■ NED KEENE Peter Grimes ■ PING Turandot ■ PAPAGENO Die Zauberflöte ■ 3. EDLER Lohengrin ■ SCHAUNARD La Bohème ■ MELOT Tristan und Isolde ■ MARULLO Rigoletto ■ CHRISTIANO Un Ballo in Maschera
Folgeengagement: Opernhaus Wuppertal

Kay Stiefermann wurde in Düsseldorf geboren und studierte bei Ks. Kurt Moll an der Kölner Musikhochschule. Im Oktober 1997 wurde er in das Internationale Opernstudio engagiert, wo er unter anderem in den Eigenproduktionen »Die lustige Witwe« (Danilo) und »Der arme Matrose« (Freund) mitwirkte. 1998 erhielt er, gemeinsam mit Martin Homrich, den Dr. Wilhelm Oberdörffer-Preis. Ab 1999 war er für zwei Spielzeiten Ensemblemitglied der Hamburgischen Staatsoper. Anschließend bekam er ein Engagement an das Wuppertaler Opernhaus. Dort war er u. a. als Guglielmo in »Così fan tutte« und Dandini in »La Cenerentola« zu hören. An der Komischen Oper Berlin gastierte er 2003 als Danilo und 2004 als Don Giovanni, eine Partie, mit der er auch an die Opernhäuser von Hannover und Erfurt eingeladen wurde.

Julia Sukmanova, Sopran
Opernstudiomitglied: 2003–2005

Partien an der Hamburgischen Staatsoper
■ DONNA ANNA Don Giovanni ■ NINETTA Die Liebe zu den drei Orangen ■ EINE HIMMLISCHE STIMME Don Carlos ■ ANNA Nabucco ■ ISABELLA Der lächerliche Prinz Jodelet ■ ALCINA Alcina ■ BLUMENMÄDCHEN Parsifal ■ MARZELLINE Fidelio ■ PAMINA Die Zauberflöte

Julia Sukmanova wurde 1975 in Sibai/Russland geboren. Von 1993 bis 1998 studierte sie am N. A. Rimski-Korsakow Konservatorium in St. Petersburg bei Leonid Sincev und legte dort ihr Diplom u. a. als Konzertpianistin ab. Ihr Gesangsstudium begann sie 1992, zunächst mit Privatunterricht bei Donat Donatov. Sie setzte es an der Staatlichen Hochschule für Musik Freiburg bei Markus Goritzki fort, wo sie im Sommer 2004 ihr Diplom absolvierte. Als Mitglied des Internationalen Opernstudios wirkte sie im szenischen Bach-Projekt »Ein weltliches Bankett« mit. In der Spielzeit 2004/05 präsentiert sie sich unter anderem mit den beiden Mozartpartien der Pamina (Die Zauberflöte) und Servilia (La Clemenza di Tito).

Alexander Tsymbalyuk, Bass
Opernstudiomitglied: 2001–2003

Partien an der Hamburgischen Staatsoper
■ HAUPTMANN Eugen Onegin ■ ANGELOTTI Tosca ■ CEPRANO Rigoletto ■ GERICHTSDIENER Rigoletto ■ 2. GEHARNISCHTER Die Zauberflöte ■ GRENVIL La Traviata ■ HERR WOLF Pollicino ■ HEROLD Otello ■ ZUNIGA Carmen ■ TSCHERNIKOWSKIJ Boris Godunow ■ GRAF HORN Un Ballo in Maschera ■ MASETTO Don Giovanni ■ SPARAFUCILE Rigoletto ■ 2. KOMMISSAR Dialogues des Carmélites ■ BONZO Madame Butterfly ■ SSURIN Pique Dame ■ 3. EDLER Lohengrin ■ FERRANDO Il Trovatore ■ KÖCHIN Die Liebe zu den drei Orangen ■ LODOVICO Otello ■ TITUREL Parsifal ■ BARTOLO Le Nozze di Figaro
Folgeengagement: Ensemblemitglied

Alexander Tsymbalyuk wurde in Odessa/Ukraine geboren. Mit seinem fünften Lebensjahr begann seine vielfältige musikalische Ausbildung, die vom Klavier über das Schlagzeug bis zum Gesang führte. 1995 wurde er Student am Konservatorium von Odessa in der Klasse Navrotsky. Ein Jahr später gewann er den Wettbewerb »New names of Ukraine« in Kiew und bekam im Anschluss daran ein Stipendium der Ukrainischen Regierung. Im Jahr 2000 war Alexander Tsymbalyuk als Solist am Opernhaus Odessa engagiert. Nach zwei Jahren im Internationalen Opernstudio erhielt er mit Beginn der Spielzeit 2003/04 einen Vertrag als Ensemblemitglied der Hamburgischen Staatsoper. In der Spielzeit 2004/05 singt er u. a. den Riccardo in »Beatrice di Tenda«, den Arzt in der Wiederaufnahme von »Pelléas et Mélisande« und den Mönch in »Don Carlos«.

Ulrike Wagner, Sopran
Opernstudiomitglied: 1997–1999

Partien an der Hamburgischen Staatsoper
■ KATE PINKERTON Madame Butterfly ■ PAPAGENA Die Zauberflöte ■ IDA Die Fledermaus ■ GIANETTA L'Elisir d'Amore ■ BELLANGÈRE Ariane et Barbe-Bleue ■ JANO Jenufa ■ 2. ALMOSENSUCHERIN Suor Angelica ■ BARBARINA Le Nozze di Figaro ■ EIN LIEBESPAAR Il Tabarro ■ FRASQUITA Carmen
Folgeengagement: Chor der Bayerischen Staatsoper

Ulrike Wagner wurde in Göttingen geboren und studierte bei Ks. Judith Beckmann an der Musikhochschule Hamburg. Dort machte sie im Mai 1997 ihr Operndiplom als Lauretta in einer Opernklasseninszenierung von »Gianni Schicchi«. Im Sommer 1997 debütierte sie als 3. Mädchen in »Achill unter den Mädchen« (W. A. Schultz) am Stadttheater Kassel. Im selben Jahr wurde sie an das Internationale Opernstudio der Hamburgischen Staatsoper engagiert, wo sie u. a. in den Opernstudioproduktionen »Die lustige Witwe« (Hanna Glawari) und »Der arme Matrose« (Frau) mitwirkte. Ulrike Wagner ist derzeit Mitglied des Chores der Bayerischen Staatsoper in München.

Christoph Johannes Wendel, Bariton
Opernstudiomitglied: 1994-1997

Partien an der Hamburgischen Staatsoper
■ EIN PERÜCKENMACHER Ariadne auf Naxos ■ FIORELLO Il Barbiere di Siviglia ■ KAISERLICHER KOMMISSAR Madame Butterfly ■ EINER VON DREI STUDENTEN Historia von D. Johann Fausten ■ GUCCIO Gianni Schicchi ■ MORALÈS Carmen
Folgeengagement: Freischaffend

Der in Mainz geborene Christoph Johannes Wendel studierte an den Hochschulen für Musik in Mannheim und in Würzburg sowie am Mozarteum in Salzburg; zu seinen Lehrern gehörten Erika Köth und Karl-Christian Kohn. Sein Operndebüt gab er an der Staatsoper Budapest in der Partie des Papageno (Die Zauberflöte). Mit dieser Partie war er auch am Teatro Communale di Treviso und in der Hollywood Bowl in Los Angeles zu Gast. Während seiner Mitgliedschaft im Internationalen Opernstudio sang er in Eigenproduktionen Dandini (La Cenerentola), Sid (Albert Herring) und Elviro (Xerxes).

Cornelia Zach, Sopran
Opernstudiomitglied: 1994–1995

Partien an der Hamburgischen Staatsoper
■ TAUMÄNNCHEN Hänsel und Gretel ■ GIANETTA L'Elisir d'Amore ■ GRÄFIN VON CEPRANO Rigoletto
Folgeengagement: Freischaffend

Die österreichische Sopranistin Cornelia Zach studierte an der Musikhochschule in Graz und anschließend bei Ks. Judith Beckmann in Hamburg. 1994 war sie Gewinnerin des Operalia-

Gesangswettbewerbs. Als Mitglied des Internationalen Opernstudios sang sie die Clorinda in der Opernstudio-Produktion von »La Cenerentola«. Anschließend bekam sie ein Engagement an das Opernhaus Kiel. Sie gastierte zu dieser Zeit bereits am Opernhaus Graz und am Opernhaus Zürich. Seit der Spielzeit 1999/00 ist Cornelia Zach freischaffend tätig und hat u. a. an der Deutschen Oper Berlin, der Bayerischen Staatsoper München, dem Zürcher Opernhaus und dem Opernhaus Kiel gesungen.

Zhao Deng Feng, Tenor
Opernstudiomitglied: 1995–1997

Partien an der Hamburgischen Staatsoper
■ PARPIGNOL La Bohème ■ EINER VON DREI STUDENTEN Historia von D. Johann Fausten ■ KRIEGSBOTE Samson et Dalila ■ 1. GEFANGENER Fidelio ■ BORSA Rigoletto ■ RUIZ Il Trovatore ■ 1. GEHARNISCHTER Die Zauberflöte ■ EIN SÄNGER Der Rosenkavalier
Folgeengagement: Freischaffend

Zhao Deng Feng stammt aus China und studierte an der Musikhochschule Sichuan bei Quian Weidao. Nach seinem Examen wurde er als Solist an das Nationaltheater von Peking engagiert, wo er die Partien des Cavaradossi (Tosca) und des Alfredo (La Traviata) sang. 1993 gewann der Tenor den ersten Preis beim Belvedere-Gesangswettbewerb in Wien. Als Mitglied des Internationalen Opernstudios war er u. a. bei einem Opernstudio-Liederabend zu erleben. 1997 trat Zhao Deng Feng ein Engagement am Theater Braunschweig an, wo er erneut Cavaradossi sang. Es folgten Verpflichtungen an das Landestheater Innsbruck (Titelpartie in »Otello«, Calaf in »Turandot«) und das Badische Staatstheater Karlsruhe (Radames in »Aida« und Pollione in »Norma«).

Elena Zhidkova, Mezzosopran
Opernstudiomitglied: 1995–1997

Partien an der Hamburgischen Staatsoper
■ LOLA Cavalleria rusticana ■ FLORA BERVOIX La Traviata ■ SANDMÄNNCHEN Hänsel und Gretel ■ EIN HIRTE Tosca ■ MADDALENA Rigoletto ■ EINE STIMME La Damnation de Faust ■ 2. MAGD Elektra ■ OLGA Eugen Onegin
Folgeengagement: Freischaffend

Elena Zhidkova wurde in St. Petersburg geboren und studierte am dortigen Konservatorium Gesang. Als Mitglied des Internationalen Opernstudios stand sie als Arsamenes in der Eigenproduktion von »Xerxes« auf der Bühne. 1997 wurde sie an die Deutsche Oper Berlin engagiert, wo sie u. a. Olga (Eugen Onegin) und Siebel (Faust) sang. Gastverpflichtungen brachten sie darüber hinaus an das Théâtre Châtelet Paris, an das Lincoln Center New York und an die Barbican Hall London. Inzwischen ist sie freischaffend tätig. Sie gastierte bei den Bayreuther Festspielen (Floßhilde und Schwertleite im »Ring des Nibelungen«), am Teatro Real Madrid (Waltraute in »Götterdämmerung«) und am New National Theatre in Tokio (Carmen). Weiterhin trat sie bei Konzerten mit den Berliner Philharmonikern unter Claudio Abbado und Nikolaus Harnoncourt auf.

Oliver Zwarg, Bassbariton
Opernstudiomitglied: 1999–2001

Partien an der Hamburgischen Staatsoper
■ 2. NAZARENER Salome ■ KILIAN Der Freischütz ■ PAPAGENO Die Zauberflöte ■ PETER Hänsel und Gretel ■ YAMADORI Madame Butterfly ■ FIORILLO Il Barbiere di Siviglia ■ SCHAUNARD La Bohème ■ MELOT Tristan und Isolde ■ FRA MELITONE La Forza del Destino ■ WERSCHININ Tri Sestri ■ ANGELOTTI Tosca ■ SCHTSCHELKALOW Boris Godunow ■ MASETTO Don Giovanni
Folgeengagement: Staatstheater Hannover

Oliver Zwarg wurde in Bergisch-Gladbach geboren. Nach einem Schulmusikstudium studierte er ab 1996 Gesang an der Musikhochschule Stuttgart bei Julia Hamari und Konrad Richter. Im Oktober 1998 gab er sein Debüt am Opernhaus Stuttgart mit dem 2. Nazarener (Salome). Als Mitglied des Internationalen Opernstudios stand er u. a. im musikalisch-szenischen Projekt »Ich bin die erste Sängerin« auf der Bühne. Seit der Spielzeit 2001 ist Oliver Zwarg festes Ensemblemitglied der Staatsoper Hannover. Zu seinen Rollen gehören u. a. Leporello (Don Giovanni), Golaud (Pelléas et Mélisande) sowie Achilla in »Giulio Cesare in Egitto«, eine Partie, die er im Sommer 2004 auch am Teatre Liceu in Barcelona gesungen hat.

Fotografen

Maja Metz: Round-table-Gespräch und Reportage über Ingrid Frøseth
Hermann und Clärchen Baus: Don Carlos
Matthias Baus: Gloria von Jaxtberg,
Das Fest im Meer
Thilo Beu: Alcina
Brinkhoff/Mögenburg: Dialogues des Carmélites, Der lächerliche Prinz Jodelet
Antonio Capuano: Die lustige Witwe
Rainer und Erika Cysewski: Le Nozze di Figaro
Erwin Döring: Don Giovanni (Dresden)
Karl Forster: L'Incoronazione di Poppea
Ines Gellrich: Xerxes, Albert Herring,
Die menschliche Stimme
Silke Heyer: Der arme Matrose
Jörg Landsberg: Bählamms Fest, Ein geistliches Bankett, The Mother of Black-Winged Dreams, Ritter Blaubart, Powder Her Face
Vincent Leifer: La Bohème
Kay-Uwe Rosseburg: La Cenerentola
Horst Warneyer: Ein weltliches Bankett

Produktionen des Internationalen Opernstudios

11. Dezember 1994
Rathaussaal der Stadt Zeven
Opern-Gala zum Advent
Zdena Furmančoková, Gritt Gnauck, Sabine Sommerfeld, Cornelia Zach, Jürgen Fersch, Jonathan Barreto-Ramos, Christoph Johannes Wendel
Richard Trimborn, Klavier
Wulf Konold, Moderation
Werke von Wolfgang Amadeus Mozart, Gioachino Rossini, Giuseppe Verdi und Johann Strauß

12. Januar 1995
Opera stabile
Liederabend
Sabine Sommerfeld, Sopran
Gabriel Feltz, Klavier
Werke von Franz Schubert und Hugo Wolf
Dagmar Hesse, Mezzosopran
Gabriel Feltz, Klavier
Werke von Gustav Mahler und Alban Berg

18. Januar 1995
Opernkonzert in Bonn
Zdena Furmančoková, Dagmar Hesse, Sabine Sommerfeld, Cornelia Zach, Jürgen Fersch, Christoph Johannes Wendel
Richard Trimborn, Klavier
Peter Ruzicka, Moderation
Werke von Wolfgang Amadeus Mozart, Gioachino Rossini, Giuseppe Verdi und Johann Strauß

Premiere: 23. April 1995
Opera stabile
**Gioachino Rossini: La Cenerentola
ossia La bontà in trionfo**
Opera buffa in zwei Akten von Jacopo Ferretti
Musikalische Leitung: Gabriel Feltz
Inszenierung: Paul Flieder
Ausstattung: Heinz Gellrich
Don Ramiro, Prinz von Salerno: Michael Stumpf/Jürgen Fersch *Dandini, sein Kammerdiener:* Christoph Johannes Wendel *Don Magnifico, Baron von Montefiascone:* Romano Franceschetto *Tisbe:* Gritt Gnauck *Clorinda:* Zdena Furmančoková/Cornelia Zach *Angelina, genannt Cenerentola:* Dagmar Hesse/Sabine Sommerfeld *Alidoro, Philosoph:* Jonathan Barreto-Ramos

»La Cenerentola«

LIEDERABEND
SABINE SOMMERFELD, DAGMAR HESSE

Opern-Stipendiaten: Große Leidenschaft, innige Empfindung
Danach zeichnete die Münchener Hochschulabsolventin [Sabine Sommerfeld] Bergs weitgespannte Melodiebögen gekonnt nach. Seine von Naturbeschreibung geprägten »Sieben frühen Lieder« waren Höhepunkt ihres Vortrags. Mitstreiterin Dagmar Hesse ist bereits zur ausdrucksstarken Liedinterpretin herangereift. Fähig zu großer Leidenschaft und inniger Empfindung, wie sie in der Mignon-Vertonung von Hugo Wolf und Gustav Mahlers »Liedern eines fahrenden Gesellen« zeigte.

DIE WELT, 14. 1. 95

GIOACHINO ROSSINI: LA CENERENTOLA

**Opera stabile:
Selbstbewußtes Aschenbrödel**
»Oper unter der Lupe« – eine bessere Schule kann es für den Sängernachwuchs nicht geben. Regisseur Paul Flieder verbindet Rokoko-Flair mit Charakteren von heute. Sein Aschenbrödel ist selbstbewußt, die Stiefschwestern dagegen zickig und verzogen. Was die sechs Stipendiaten mit Romano Franceschetto als externer Verstärkung zeigten, war außerordentlich. [...] Gabriel Feltz war ein aufmerksamer Dirigent und hatte erstklassige Korrepetitionsarbeit geleistet. Begeisterte Resonanz.

DIE WELT, 25. 4. 95

Opern-Nachwuchs überzeugte mit Rossini

Gesungen wurde durchweg vortrefflich […]. Dagmar Hesse in der Titelrolle bot die herausragende Leistung des Abends: prächtiges Stimmaterial, sichere Technik und Interpretation in Koloratur, Dramatik wie Lyrik, dazu eine gelungene Darstellung des zunächst geplagten, dann triumphierenden Aschenputtels. Ihr zur Seite der helle Tenor von Michael Stumpf, Christoph Johannes Wendels flexibel-markiger Bariton, der famose schwarze Baß von Jonathan Barreto-Ramos sowie Gritt Gnauck und Zdena Furmančoková als schön singende und präzise agierende Schwestern. […] Langer und herzlicher Applaus.

HAMBURGER ABENDBLATT, 25. 4. 95

BENJAMIN BRITTEN: ALBERT HERRING

Britischer Humor auf kleiner Bühne

Für alle Beteiligten ein Erfolg. […] Clemens-C. Löschmann machte der Hauptrolle des Hohlkopfs, der sich nach durchzechter Nacht als clever gewordener Punk auf Rollerblades entpuppte, stimmlich wie schauspielerisch alle Ehre. Dagmar Hesse schaffte es, als Lady Billows trotz steifer Aristokratinnen-Oberlippe ihrem Part gerecht zu werden. Beachtlich außerdem Sabine Sommerfeld in der Rolle der Bäckerstochter Nancy, Kurt Gysen (ein Baß, der für zwei reicht) als Provinz-Sherlock-Holmes Mr. Budd sowie Elisabeth Steiner als herrlich cholerische Mrs. Herring.

HAMBURGER ABENDBLATT, 16. 1. 96

Dagmar Hesse in »Albert Herring«

9. Juni 1995
Opera stabile
Liederabend
Zdena Furmančoková, Sopran
Klaus Sallmann, Klavier
Werke von Franz Schubert und Antonín Dvořák
Christoph Johannes Wendel, Bariton
Klaus Sallmann, Klavier
Werke von Franz Schubert und Richard Strauss

Premiere: 14. Januar 1996
Hamburger Kammerspiele
Benjamin Britten: Albert Herring
*Komische Oper in drei Akten (5 Bildern)
nach einer Novelle von Guy de Maupassant
frei gestaltet von Eric Crozier
ins Deutsche übersetzt von Fritz Schröder*
Musikalische Leitung: Klaus Sallmann
Inszenierung: Sven Müller
Ausstattung: Heinz Gellrich
Lady Billows: Dagmar Hesse *Florence Pike, Haushälterin:* Gritt Gnauck *Miss Wordsworth, Schulleiterin:* Zdena Furmančoková *Mr. Gedge, Pfarrer:* Heiko Trinsinger *Mr. Upfold, Bürgermeister:* Jacek Pazola *Mr. Budd, Polizeichef:* Kurt Gysen/Georg Zeppenberger *Sid, Schlachtergeselle:* Christoph Johannes Wendel *Albert Herring:* Clemens-C. Löschmann *Nancy Waters, Bäckerstochter:* Sabine Sommerfeld *Mrs. Herring, Alberts Mutter:* Elisabeth Steiner *Emmy:* Sabine Neumann/Yvonne Rump *Siss:* Nadine Schreier/Sonja Kullas *Harry:* Jens Versemann/Tim Salomon

»Albert Herring«

»Xerxes«

Premiere: 23. Mai 1996
Opera stabile
Georg Friedrich Händel: Xerxes
Oper in drei Akten
Text nach Niccolo Minato
Deutsche Rezitative von Rudolf Steglich
Musikalische Leitung: Markus Henn
Inszenierung: Gert Pfafferodt
Bühnenbild: Heinz Gellrich
Kostüme: Doris Kirchhof
Xerxes: Dagmar Hesse *Arsamenes, sein Bruder:* Elena Zhidkova *Elviro, Diener des Arsamenes:* Christoph Johannes Wendel *Amastris, Xerxes' Braut:* Gritt Gnauck *Ariodates, starker Mann:* Kurt Gysen *Romilda, seine Tochter:* Sabine Sommerfeld *Atalanta, seine Tochter:* Zdena Furmančoková *Das Faktotum des Xerxes:* Paco Gonzalez

9. Juni 1996
Opera stabile
Liederabend
Kurt Gysen, Bass
Alan Speer, Klavier
Werke von Hugo Wolf und Johannes Brahms
Zhao Deng Feng, Tenor
Alan Speer, Klavier
Werke von Edvard Grieg und Richard Strauss

Premiere: 14. September 1996
Opera stabile
Francis Poulenc: Die menschliche Stimme (La Voix humaine)
Tragédie Lyrique in einem Akt
Text von Jean Cocteau
Deutsch von Wolfgang Binal
Musikalische Leitung am Klavier: Daniel Sarge
Inszenierung: Jasmin Solfaghari
Bühnenbild: Heinz Gellrich
Kostüme: Doris Kirchhof
Die Frau: Gritt Gnauck

GEORG FRIEDRICH HÄNDEL: XERXES

Trauriger Clown

Der Regisseur Gert Pfafferodt verlegt die Handlung in den Zirkus. Der Zirkus ist wie ein Zwillingsbruder der Barockoper: Da gibt es die Primadonna, die ihre Arie als Seiltänzerin bietet […] und da gibt es den Rivalen des Königs, dessen Charakterisierung als trauriger Clown nicht treffender sein könnte. Zirkus, das ist Show und Spannung, das Extreme und das Exotische, der Vergnügens- und der Schreckensschrei – in Serse gibt es dies alles, hier werden die Gefühle der Opernfiguren erbarmungslos seziert, zur Unterhaltung des hochverräärrten Publikums.
Die Sänger und Sängerinnen schaffen es dennoch immer wieder, durch ihren Gesang zu fesseln; am souveränsten zu nennen wäre hier Sabine Sommerfeld als Romilda, Christoph Wendel als Elviro und Zdena Furmančoková als Atalanta.

OPERNRUNDSCHAU, FEB. 96

FRANCIS POULENC: DIE MENSCHLICHE STIMME (LA VOIX HUMAINE)

Ein Experiment jenseits des gängigen Repertoires

Mit beeindruckender Intensität interpretierte die Mezzosopranistin Gritt Gnauck die zwiespältige Befindlichkeit ihrer Rolle.

HAMBURGER ABENDBLATT, 16. 9. 96

Eine Leidende am Telefon

Die phänomenale Mezzosopranistin Gritt Gnauck fand sich wunderbar in den zwischen aggressiv-robust und lyrisch-zart pendelnden Klängen zurecht.

HARBURGER ANZEIGEN UND NACHRICHTEN, 16. 9. 96

Gritt Gnauck in »Die menschliche Stimme«

auf dieser Seite: Szenen aus »The Mother of Black-Winged Dreams«

Hanna Kulenty:
The Mother of Black-Winged Dreams

Tönende Krankheit
Ein lang beklatschter Uraufführungserfolg. In erster Linie wegen der von Verena Weiß fein choreographierten, einfallsreich strengen Inszenierung Claus Guths, der den heiklen Stoff blendend bewältigt. […] Und Baß-Bariton Kurt Gysen gibt den Woodraven nachtdunkel mächtig, voller Rätsel.

SÜDDEUTSCHE ZEITUNG, 11. 12. 96

Schwarzgeflügelter Wachtraum
Die Inszenierung Claus Guths verdient in ihrer prall prunkenden Sachlichkeit höchstes Lob, hat den Charakter nichterzählerischen Erzählens in satten Farben verwirklicht, und Christian Schmidts Ausstattung kippt erbärmlichsten Einrichtungsalltag in die Karaffen der Schizophrenie. Die Sänger, allen voran Kurt Gysen und Christa Bonhoff, zeigten gutes bis ausgezeichnetes Format.

FRANKFURTER RUNDSCHAU, 27. 12. 96

Das Gesamtkunstwerk, auseinander genommen
Die in Zusammenarbeit mit der Hamburgischen Staatsoper entstandene und im Münchener Marstall-Theater gezeigte Uraufführung stellt den Ebenen von Text und Musik einen profiliert ausgestalteten, bildstarken szenischen Ansatz gegenüber. [Dass Claras Schizophrenie auf sexuellen Missbrauch zurückgeht, sagt der Text nicht, deutet es aber an.] Der Regisseur Claus Guth macht das nicht eben unaktuelle Thema zum Zentrum, ohne es plakativ auszuweiden. In dem überaus spießigen, von Blumentapete, Kunstdruck und Warenhausmobiliar bestimmten Raum, [Ausstatter: Christian Schmidt] verbreitet sich ein Klima von Bedrohung und handfester Gewalt – und dies mit Hilfe von messerscharfen, geradezu choreographisch wirkenden Bewegungsabläufen, die das hochmotivierte Ensemble aus Hamburg restlos im Griff hat.

NEUE ZÜRCHER ZEITUNG, 12. 12. 96

Uraufführung: 9. Dezember 1996
Theater im Marstall, München
Hanna Kulenty:
The Mother of Black-Winged Dreams
An Opera
Libretto: Paul Goodman
Auftragswerk der Landeshauptstadt München
Eine Koproduktion der Münchener Biennale und der Hamburgischen Staatsoper in Zusammenarbeit mit dem Bayerischen Staatsschauspiel/MARSTALL
Musikalische Leitung: Paul Weigold
Musikalische Einstudierung: Petra Leupold
Inszenierung: Claus Guth
Ausstattung: Christian Schmidt
Clara: Christa Bonhoff *Click A:* Sabine Sommerfeld *Click B:* Isis Chi Gambatte *Scissors A:* Gritt Gnauck *Scissors B:* Barbara Friebel *Woodraven:* Kurt Gysen *Schauspieler in der Filmsequenz:* Klaus Haderer, Tahnee Wein

»The Mother of Black-Winged Dreams«

17. Juni 1997
Staatsoper
Abschlusskonzert des Internationalen Opernstudios
Zdena Furmančoková, Gritt Gnauck, Sabine Sommerfeld, Elena Zhidkova, Carl Schultz, Christoph Johannes Wendel, Zhao Deng Feng, Klaus Florian Vogt
Werke von Georges Bizet, Giacomo Puccini, Gioachino Rossini, Wolfgang Amadeus Mozart, Camille Saint-Saëns, Richard Strauss, Johann Strauß
Musikalische Leitung: Gerd Albrecht

27. Juni 1997
Opera stabile
Solo-Abend
Sabine Sommerfeld, Sopran
Klaus Sallmann, Klavier
Werke von Gabriel Fauré, Claude Debussy, Arthur Honegger, Henri Duparc und Darius Milhaud

ABSCHLUSSKONZERT

Wunschprogramm mit Überraschungen

Elena Zhidkova überzeugte mit fülligem Alt als Carmen und Dalila, Dagmar Hesse sang eine dramatische Butterfly, Christoph Johannes Wendel einen präzisen Sevilla-Figaro, und Zhao Deng Feng brillierte im schönsten Belcanto mit der »Carmen«-Blumenarie und dem kalten »Bohème«-Händchen. Die Rose des Abends aber gebührt Sabine Sommerfeld und Gritt Gnauck für die Überreichung derselben aus dem »Rosenkavalier« von Richard Strauss.

HAMBURGER ABENDBLATT, 19. 6. 97

Abschied mit Spitzentönen
Der Chinese Zhao Deng Feng war ein herrlich passionierter Don José und Rodolfo. Sabine Sommerfeld gab mit glockenreinen Piano-Spitzentönen eine Sophie, wie sie Richard Strauss vorgeschwebt haben muß. Als Dalila verführte die Russin Elena Zhidkova – sie hat bereits ein Engagement der Deutschen Oper Berlin in der Tasche – rollendeckend mit samtdunklen Mezzotönen.

WELT, 19. 6. 97

Franz Lehár: Die lustige Witwe

Mit Charisma und eisernen Nerven. Der Sängernachwuchs überzeugte mit Lehárs »Lustiger Witwe«
Gut geschulter Nachwuchs war zu erleben. Eine hat unüberhörbar eine große Zukunft vor sich: die 25jährige Bulgarin Petia Petrova.
DIE WELT, 12. 2. 98

Lehárs »Lustige Witwe« im Doppelpack
Danielle Halbwachs und Ulrike Wagner teilten sich die Titelrolle, waren eine elegante Hanna Glawari. Katja Pieweck und Britta Stallmeister verkörperten eine Valencienne, wie sie gegensätzlicher nicht zu denken ist. Martin Homrich und Thomas Schmidle tauschten in der Pause die Rollen Rosillon/Njegus und konnten in beiden vollauf überzeugen. Durchspielen durften die bühnenpräsenten Kay Stiefermann (Danilo) und Jörn Schümann (Baron Zeta).
HAMBURGER ABENDBLATT, 12. 2. 98

Großer Gesangsspaß
Schöne, neue Stimmen? Es gibt sie!
HAMBURGER MORGENPOST, 12. 2. 98

Premiere: 10. Februar 1998
Opera Stabile
Franz Lehár: Die lustige Witwe
Operette in drei Akten von Viktor Léon und Leo Stein nach der Komödie »L'Attaché d'ambassade« von Henri Meilhac
für Flügel, Violine und Schlagzeug bearbeitet von Markus Henn
Musikalische Leitung am Flügel: Markus Henn
Inszenierung: Rainer Bunzel
Raum: Heinz Gellrich
Baron Mirko Zeta, pontevidrinischer Gesandter in Paris: Jörn Schümann *Valencienne, seine Frau:* Katja Pieweck/Britta Stallmeister *Graf Danilo Danilowitsch, Gesandtschaftssekretär, Kavallerieleutnant i. R.:* Kay Stiefermann *Hanna Glawari:* Danielle Halbwachs/Ulrike Wagner *Camille de Rosillon:* Martin Homrich/Thomas Schmidle *Vicomte Cascada:* Konstantin Heintel *Raoul de St. Brioche:* Sven Olaf Gerdes *Njegus, Kanzlist:* Thomas Schmidle/Martin Homrich
und Petia Petrova (10. 2.)

29. März 1998
Rathaussaal der Stadt Zeven
Gala-Abend
Musikalische Einstudierung und am Klavier: Markus Henn
Inszenierung: Michael Sturm
Danielle Halbwachs, Martin Homrich, Petia Petrova, Katja Pieweck, Thomas Schmidle, Jörn Schümann, Kay Stiefermann, Ulrike Wagner

5. Mai 1998
Opera stabile
Liederabend
Britta Stallmeister, Sopran
Markus Henn, Klavier
Werke von Alexander Zemlinsky, Gabriel Fauré und Robert Schumann
Kay Stiefermann, Bariton
Markus Henn, Klavier
Werke von Gustav Mahler

»Die lustige Witwe«

»Der arme Matrose«

6. Mai 1998
Opera stabile **Liederabend**
Martin Homrich, Tenor
Markus Henn, Klavier
Werke von Robert Schumann
Ulrike Wagner, Sopran
Alexander Martin, Klavier
Werke von Alban Berg, Richard Strauss und Aaron Copland

19. Juni 1998
Opera stabile **Liebe, Leid und Leidenschaft**
Eine szenisch-musikalische Collage
Musikalische Einstudierung und am Klavier:
Markus Henn
Regie: Michael Sturm
Danielle Halbwachs, Martin Homrich, Petia Petrova, Katja Pieweck, Thomas Schmidle, Jörn Schümann, Britta Stallmeister, Kay Stiefermann, Ulrike Wagner

30. August 1998
Musikfest Emkendorf,
Schleswig-Holstein Musikfestival
Lieben, Hassen, Hoffen, Zagen
Eine kleine Liebesgeschichte
Musikalische Einstudierung und am Klavier:
Markus Henn
Inszenierung und Dialoge: Jasmin Solfaghari
Bühne: Heinz Gellrich
Kostüme: Doris Kirchhof
Ulrike Wagner, Sopran
Kay Stiefermann, Bariton

Premiere: 9. Mai 1999
Opera stabile
Darius Milhaud:
Der arme Matrose (Le Pauvre Matelot)
Klagelied in drei Akten
Text von Jean Cocteau, Übersetzung ins Deutsche von Marie Pappenheim
Musikalische Leitung: Jendrik Springer
Inszenierung: Jürgen Reitzler
Raum: Heinz Gellrich
Kostüme: Doris Kirchhof
Der Matrose: Martin Homrich *Seine Frau:* Danielle Halbwachs *Sein Schwiegervater:* Jörn Schümann *Sein Freund:* Tobias Schabel

DARIUS MILHAUD:
DER ARME MATROSE

Kleine Mord-Moritat
Regisseur Jürgen Reitzler verlangt von den Absolventen des Internationalen Opernstudios der Staatsoper viel Aktion: Danielle Halbwachs mit klarem Sopran, Martin Homrich (Matrose) mit interessantem tenoralen Schmelz, Tobias Schabel (Freund) mit kräftigem Baß, Jörn Schümann als Schwiegervater.
HAMBURGER MORGENPOST, 11. 5. 99

»ICH BIN DIE ERSTE SÄNGERIN ...«

Kreuz und quer durchs Repertoire
Antigone Papoulkas als Dorabella (»Così fan tutte«) und Muse (»Hoffmanns Erzählungen«) ließ ihren jugendlich dramatischen Mezzo in vielen Farben funkeln, Susann Hagel führte höhensicher das Titel-Terzett an, und Inga Kalna war wirklich »Die erste Sängerin« mit der Antonia-Romanze (»Hoffmann«) und der in überlegener Virtuosität gestalteten Arie »Glitter and be gay« aus Bernsteins »Candide«.
Tenor Dirk Schmitz (sehr gut seine Romanze »No puerde ser!« von Pablo Sorozábal), Bariton Andreas Hörl sowie die Bassisten Tobias Schabel und Oliver Zwarg zeigten sängerisches und darstellerisches Format bei Szenen aus Rossinis »Barbier«, Nicolais »Lustigen Weibern« und Offenbachs »Hoffmann«.
HAMBURGER ABENDBLATT, 15. 5. 2000

»Ritter Blaubart«

JACQUES OFFENBACH: RITTER BLAUBART

Krokodile sind nicht fürchterlich genug

Offenbach ist, wenn man trotzdem lacht: Ein Hamburger »Blaubart« geizt nicht mit Reizen.
[Siegfried Schwab hat] die Mitglieder des Opernstudios und einige noch in der Ausbildung stehende Sänger zu einem Ensemble geformt, das zu hören eine Lust und das agieren zu sehen eine Freude war. Das gilt zunächst für die mit ballettöser Grazie agierende und ebenso wendig singende Susann Hagel als Schäferin Fleurette […]. Es gilt ferner für die charmesprühende und hinreißend singende Antigone Papoulkas als Boulotte […]. Es ist erfreulich, daß dieses allzu selten gespielte, musikalisch reiche, darstellerisch effektvolle Stück mit einem glänzenden Ensemble auf die Bühne kam.

FAZ, 17. 3. 2000

Grauen mit Happy End

Note 1 in Gesang und Spiel für Susann Hagel (Fleurette/Hermia) und Antigone Papoulkas (Boulotte), die Objekte der Blaubart-Begierde. […] Die Königin Clémentine stattete Katharina Peetz mit schönem Mezzo, Tobias Schabel seinen Grafen mit sattem Bassklang aus. Martin Berner (Popolani) und Dirk Schmitz (Daphnis) hielten das hohe Niveau.

HAMBURGER ABENDBLATT, 7. 3. 2000

Premiere: 9. Mai 1999
Opera stabile
Französische Lieder
Petia Petrova, Katja Pieweck, Ulrike Wagner, Kay Stiefermann
Piano: Jendrik Springer
Lieder von Claude Debussy, Henri Duparc und Maurice Ravel

Premiere: 5. März 2000
Forum der Hochschule für Musik und Theater Hamburg
Jacques Offenbach:
Ritter Blaubart
Opéra bouffe in drei Akten (vier Bildern)
Neue deutsche Übertragung nach dem Original von Henri Meilhac und Ludovic Halévy von Walter Felsenstein und Horst Seeger
Musikalische Einrichtung von Karl-Fritz Voigtmann
Musikalische Leitung: Siegfried Schwab
Inszenierung: Michael Schlüter-Padberg
Ausstattung: Michael Goden
König Bobèche: Sven Olaf Gerdes *Königin Clémentine:* Katharina Peetz *Graf Oscar:* Tobias Schabel *Alvárez:* Martin Wille *Ritter Blaubart:* Johannes Harten *Popolani:* Martin Berner *Boulotte:* Antigone Papoulkas *Fleurette:* Susann Hagel *Daphnis:* Dirk Schmitz *Blaubarts Exfrauen:* Ines Krebs, Katharina Sellschopp, Christiane Strenge, Iris Steyer, Vera Wenkert

Eine Koproduktion des Internationalen Opernstudios der Hamburgischen Staatsoper und der Hochschule für Musik und Theater Hamburg

Premiere: 6. Mai 2000
Rathaussaal der Stadt Zeven
Szenenabend »Ich bin die erste Sängerin …«
Musikalische Leitung: Markus Henn
Szenische Einstudierung und Bühne: Petra Müller
Arien, Ensembles und Szenen von Wolfgang Amadeus Mozart, Gioachino Rossini, Jacques Offenbach, Frederick Loewe, Pablo Sorozábal, Irving Berlin und Leonard Bernstein
Susann Hagel, Inga Kalna, Antigone Papoulkas, Andreas Hörl, Tobias Schabel, Dirk Schmitz, Oliver Zwarg, Martin Homrich (als Gast)

»Ein geistliches Bankett«

Premiere: 19. November 2000
Probebühne Schlicksweg
Ein geistliches Bankett
Szenische Variationen über das Kantaten-Schaffen von Johann Sebastian Bach
Musikalische Leitung: Konrad Junghänel
Inszenierung und Bühnenbild:
Ingrid von Wantoch Rekowski
Kostüme: Christophe Pidré
Susann Hagel, Inga Kalna, Antigone Papoulkas, Henning Voss, Martin Homrich, Henning Kaiser, Jan Buchwald, Kay Stiefermann

Premiere: 26. April 2001
Probebühne Schlicksweg
Thomas Adès: Powder Her Face
Kammeroper in zwei Akten
Text von Philip Hensher
Hamburger Erstaufführung
Musikalische Leitung: Boris Schäfer
Inszenierung: Petra Müller
Bühne: Heinz Gellrich
Kostüme: Doris Kirchhof
Herzogin: Michaela Schneider *Zimmermädchen:* Susann Hagel *Elektriker:* Dirk Schmitz
Hotelmanager: Andreas Hörl

17. Juni 2001
Vertretung der Freien und Hansestadt Hamburg beim Bund, Berlin
Liederabend
Andreas Hörl, Bass; Klavier: Philipp Vogler
Moderation: Louwrens Langevoort

2. Juli 2001
Programm der Hamburgischen Staatsoper bei EADS Airbus in Hamburg-Finkenwerder
»Die Oper beflügelt Airbus«
Danielle Halbwachs, Sabine Ritterbusch, Susann Hagel, Peter Galliard, Andreas Hörl, Oliver Zwarg
Klavier: Markus Henn, Ingo Metzmacher
Musik von Wolfgang Amadeus Mozart, Franz Schubert, Albert Lortzing, Richard Tauber, Franz Lehár, Leonard Bernstein, Georg Kreisler und Russel Peek

BACH: EIN GEISTLICHES BANKETT

Schnitzgruppe
Immerhin bot »Ein geistliches Bankett« beachtlich interpretierte Musik, klein und authentisch besetzt mit Doppelquartett und zehn instrumentalen Solisten. Unter den vorzüglichen Sängern ließ eine Stimme eigens aufhorchen: die Mezzosopranistin Antigone Papoulkas.
FRANKFURTER RUNDSCHAU, 21. 11. 2000

Annäherung im Trippelschritt
Das alles ist intelligent zusammengefügt und bietet eine eher behutsame Ausdeutung vor allem der Kernbegriffe in den einzelnen Kantaten-Texten. Vieles leuchtet unmittelbar ein, wenn es sich etwa um das Warten der Seele auf den Herrn handelt, auf Anbetung, Totenklage oder Tröstung. […] Gesanglich boten die acht Sängerinnen und Sänger Hervorragendes […]. Also auch in dieser Hinsicht ein durchschlagendes Bach-Erlebnis.
HAMBURGER ABENDBLATT, 21. 11. 2000

Bach für die Oper entdeckt
Die Sänger folgen hochkonzentriert einer genauen Choreografie, wobei sie sich immer wieder zu Tableaus vereinen, die berühmte Darstellungen der Leidensgeschichte Jesu Christi zitieren. Besonders berührt dies in der Kantate »Christ lag in Todes Banden« (BWV 4), wenn das Ensemble das Pietà-Gemälde von Sandro Botticelli nachstellt. […] Aufhorchen ließ mit tenoralem Schmelz etwa Martin Homrich. Ebenso gut: der füllige Sopran von Inga Kalna und der kernige Bariton von Jan Buchwald. […] Unterm Strich ist es ein mutiges und überaus spannendes Experiment, den Komponisten Bach für die Opernbühne zu entdecken. Die Musik gibt das her.
TAZ, 21. 11. 2000

unten: »Powder Her Face«, rechts »Bählamms Fest«

THOMAS ADÈS: POWDER HER FACE

Ein Stern, rasch aufsteigend
[Die Hamburger Produktion wurde] zu einem anregenden Ereignis – nicht zuletzt dank der brillanten Leistungen der vier Darsteller Michaela Schneider, Susann Hagel, Dirk Schmitz und Andreas Hörl. »Powder Her Face« könnte durchaus seinen Weg ins Repertoire finden.

NEUE ZÜRCHER ZEITUNG, 10. 5. 2001

Das Ende einer Adelsschlampe
Das Schönste an der Hamburger Produktion jedoch sind die jungen Opernstudio-Sänger, die locker bleiben, wo es vertrackt wird; die in vielen Rollen schnippisch sind und gemein, treudoof und sexy: Michala Schneider, Susann Hagel, Dirk Schmitz und Andreas Hörl sind eine Empfehlung wert, schon deshalb, weil sie singen können und gleichzeitig spielen.

OPERNWELT, JUNI 2001

Nummern-Revue mit tragischem Ende
Stimmlich ist an dem jungen ambitionierten Ensemble kaum etwas auszusetzen. [...] Intendant Langevoort wird mit Genugtuung gehört haben, wie gut sich der Nachwuchs macht.

HAMBURGER ABENDBLATT, 28. 4. 2001

Premiere: 22. Juni 2002
Deutsches Schauspielhaus in Hamburg
Olga Neuwirth: Bählamms Fest
*Musiktheater in 13 Bildern nach »Baa-Lamb's Holiday« von Leonora Carrington
Librettofassung von Elfriede Jelinek
nach einer Übersetzung von Heribert Becker
Deutsche Erstaufführung*

Musikalische Leitung: Patrick Davin
Inszenierung: Vera Nemirova
Bühnenbild: Stefan Heyne
Kostüme: Marie-Luise Strandt
Dramaturgie: Dimitra Petrou, Christoph Becher
Klangregie: Alois Sontacchi, Peter Böhm
Mrs. Margret Carnis: Olive Fredricks *Philip/Ein ertränktes Kätzchen:* Jan Buchwald *Theodora:* Frédérique Friess *Elizabeth/Ein blinder Kanarienvogel:* Aleksandra Kurzak *Jeremy:* Tim Severloh *Robert/Schäfer/Skelett einer Ratte/Schafbock:* Michael Smallwood *Violet/Ein gekochter Goldfisch/Mary, das Schaf:* Maite Beaumont *Henry, Mrs. Carnis' Lieblingshund:* Dominik Maringer *Eine Spinne:* Hendrik Hansen *Eine Fledermaus/ Das kleine Mädchen:* Sarah M. Saalmann

Koproduktion mit dem Deutschen Schauspielhaus in Hamburg
Die Produkton wurde unterstützt von der Akademie Musiktheater Heute der Deutschen Bank, von der Hamburger Feuerkasse Vers.-AG und vom Kulturforum der Österreichischen Botschaft Berlin.

»Bählamms Fest«

OLGA NEUWIRTH: BÄHLAMMS FEST

7. Dezember 2002
Hamburgische Staatsoper
Liederabend mit Jan Buchwald und Maite Beaumont
Klavier: Thomas Wise, Christoph Stöcker
Lieder von Franz Schubert, Hugo Wolf, Fanny Mendelssohn, Gabriel Fauré, Jesús Guridi

10. September 2003
Eingangsfoyer der Hamburgischen Staatsoper
Einweihung mit geladenen Gästen
Wilhelm Schwinghammer, Ingrid Frøseth, Jonas Olofsson, Tamara Gura, Christoph Pohl, Ho-yoon Chung
Klavier: Alexander Winterson
Werke von Wolfgang Amadeus Mozart, Gioachino Rossini, Erich Wolfgang Korngold, Giacomo Puccini und Johann Strauß

19. September 2003
Hotel Vier Jahreszeiten Casino Travemünde
Musikalisches Dinner, »Golfen pro Opera«
Christoph Pohl, Jonas Olofsson, Tamara Gura, Ho-yoon Chung
Klavier: Alexander Winterson
Werke von Wolfgang Amadeus Mozart, Paolo Tosti, Giuseppe Verdi, Gioachino Rossini, Emmerich Kálmán, Jacques Offenbach und Franz Lehár

Premiere: 17. Juni 2004
Probebühne Schlicksweg
HK Gruber: Gloria von Jaxtberg oder das Gegenteil von Wurst ist Llebe
Kammeroper in zwei Teilen
Libretto von Rudolf Herfurtner nach dessen gleichnamigem Bilderbuch
Hamburger Erstaufführung
Musikalische Leitung: Boris Schäfer
Inszenierung: Petra Müller
Bühnenbild: Heinrich Tröger von Allwörden
Kostüme: Doris Kirchhof
Gloria: Ingrid Frøseth *Schwein, Hirsch, Hofstaat, Berg, Kuckuck, armes Würstchen, Ferkel:* Tamara Gura *Frosch, Gerhard, Hirsch, Märchenprinz, Berg, Knecht, Ferkel:* Jonas Olofsson *Frosch, Schwein, Ochse, Hofstaat, Berg, Bauer, armes Würstchen, Ferkel:* Christoph Pohl *Frosch, Schwein, Ochse, Hofstaat, Rodrigo:* Wilhelm Schwinghammer

Dass die Hamburgische Staatsoper sich zusammen mit dem Deutschen Schauspielhaus um die deutsche Erstaufführung dieses ganz im positiven Sinne eigen-artigen Musiktheaters bemühte, ist in jedem Fall zu loben. Noch dazu, dass es eine Produktion des Internationalen Opernstudios ist, wo ein junges hervorragendes Sängerensemble seine Qualitäten unter Beweis stellen konnte, Frédérique Friess und Aleksandra Kurzak etwa in den enorm schwierigen Partien der Theodora und Elizabeth, Jan Buchwald als Philip.

SWR 2, AKTUELLE KULTUR, 21. 6. 2002

Entfremdung und Verstörung
Sein gut präpariertes Orchester und sein vorzügliches Gesangsensemble führte er [Patrick Davin] mit lockerer Hand durch die wilde Partitur. [...] Hamburgs Staatsoper ist deshalb nicht nur zur Auswahl des vorzüglichen Leitungsteams dieser Produktion zu gratulieren, sondern auch zum Mut, dieses anspruchsvolle Stück auf den Spielplan zu setzen.

TAZ, 22. 6. 2002

»Gloria von Jaxtberg«

»Ein weltliches Bankett«

Premiere: 17. September 2004
Kampnagel Hamburg
Ein weltliches Bankett
*Familienfest nach weltlichen Kantaten
von Johann Sebastian Bach
Idee und Fassung von Elisabeth Stöppler
und Swantje Gostomzyk*
Musikalische Leitung: Christoph Stöcker
Inszenierung: Elisabeth Stöppler
Bühnenbild: Dirk Arbandt
Kostüme: Doris Kirchhof
Dramaturgie: Swantje Gostomzyk

Vater: Christoph Pohl *Mutter:* Tamara Gura
Tochter: Julia Sukmanova *Verlobter:* Jonas Olofsson *Kellnerin:* Ingrid Frøseth *Fremder:* William Parton

HK GRUBER: GLORIA VON JAXTBERG

Eine saukomische Oper
Mit HK Grubers bissiger Schweineoper »Gloria« hat sich die Staatsoper als letzte Premiere dieser Saison ein leckeres Filetstückchen gegönnt, bei dem der hauseigene Nachwuchs buchstäblich die Sau rauslassen kann. […] Wenn zeitgenössische Oper die eigene Tradition so gekonnt auf die Schippe nehmen kann, hat das Publikum wirklich mal Schwein gehabt.

HAMBURGER ABENDBLATT, 9. 12. 2002

BACH: EIN WELTLICHES BANKETT

Bach mit lustvollen Abgründen
*Das wunderbar lebendige Kammerspiel wurde mit mehr als zehnminütigem Applaus gefeiert. [Bildtext]
Von den Solisten bewältigten Christoph Pohl (Vater), Julia Sukmanova (Tochter) und Ingrid Frøseth ihre Gesangspartien mit Bravour.*

HAMBURGER ABENDBLATT, 20. 9. 2004

Provokante Bach-Oper
Die süffige Aufführung der Hamburger Spielstätte Kampnagel serviert neunzig Minuten wohltemperierte Unterhaltung und einen überraschenden Perspektivwechsel auf den Säulenheiligen der Kirchenmusik.

SPIEGEL ONLINE, 25. 9. 2004

Verliebt, verlobt, verludert
Die kecke, als Sängerin wie als Vamp hoch begabte Ingrid Frøseth frönt der Sinneslust am meisten und bleibt am Ende einsam zurück.

DIE WELT, 20. 9. 2004

Demokratie lebt von gesellschaftlichem Dialog und gemeinsamer Suche nach Lösungen. Die Körber-Stiftung als Forum für Impulse will mit ihren Projekten Bürgerinnen und Bürger aktiv an gesellschaftlichen Diskursen beteiligen.

Die private und gemeinnützige Stiftung bietet ein Forum zur Mitwirkung in Politik, Bildung, Wissenschaft und internationaler Verständigung. Wer sich als Bürger in Wettbewerben und Gesprächskreisen der Stiftung engagiert, gewinnt auf vielfältige Weise: Er kann Wissen weitergeben, Probleme identifizieren und Aktivitäten anregen.

Die Körber-Stiftung leistet mit diesen Impulsen einen Beitrag zur Alltagskultur der Demokratie.